KB267071

자녀의 마음에 장단 맞추는 부모

/부모는 자녀들의 고귀한 상담자이다/

자녀의 마음에 장단 맞추는 부모

/부모는 자녀들의 고귀한 상담자이다/

나승규 지음

한국학술정보㈜

책을 펴내면서

아주 작은 제 마음을 꺼내 보인 듯하여 때론 부끄럽기도 하지만 조금 힘을 내어 그동안 유아와 아동, 청소년의 마음친구들을 만나면서 마음에 떠올랐던 영상들을 글로 쓰게 되었습니다. 자녀의 내적인 가능성을 믿고 치료실에 대담하게 찾아오신 부모님들의 미소가 오늘은 더 정겹게 느껴집니다. 자녀들이 정서와 행동상의 어려움을 갖고 있거나 또는 현재는 별다른 어려움 없이 잘 나가고 있지만 자녀의 심리발달을 촉진시키고자 상담소에 문을 두드린 부모님들이야말로 '지혜로운 부모이면서 치료자'라고 생각했습니다.

이 책은 아동과 청소년기 자녀를 둔 부모님, 어린이집과 유치원, 초등학교 선생님들을 대상으로 쓰인 부모상담 교재이면서 심리교육 교재이기도 합니다. 이 책은 1부에서는 '유아기와 아동기 자녀에게 부모들의 마음 보여주기' 영역이고, 2부는 '청소년기 자녀의 마음 껴안기'로 구성되었습니다. '유아기와 아동기 자녀를 둔 부모들의 마음 보여주기'에서는 먼저 부모 자신의 내적인 정서와 생각 그리고 행동을 보고 경험하면서 자녀들이 행동을 통해 표현하는(행동언어) 마음의 아픈 부분들을 다루어 가는 과정을 그려 보았습니다. 대부분 자녀들이 아파하는 영역들은 부모 자신을 반영해 주는 것으로 부모와 자녀는 '심리적으로 결합된 공동체'이기도 합니다. 부모는 자녀의 정서와 생각 그리고 행동을 통해, 자녀는 부모의 정서와 생각 그리고 행동을 통해 서로를 비추고 있는 '어둠과 빛의 생명체'입니다. 부모가 자녀 쪽으로만 향해 있는 어둠과 빛이 아니

라 부모가 자녀를, 자녀가 부모를 서로 관계하는 경험의 장으로 초대하고 있는 것입니다. 어둠과 빛의 양극적인 영역을 부모와 자녀가 서로 다루어 가는 과정이 1부의 핵심이기도 합니다. 2부의 '청소년기 자녀의 마음 껴안기'는 청소년기에 가장 핵심적으로 보여주지만 대부분 소홀하면서도 가장 중요하게 다루어야 하는 우울과 분노 그리고 불안에 대한 이해와 이 세 가지 정서를 지혜롭게 견디어 가는 과정이 나열되어 있습니다. 가정은 정서의 학교라 할 만치 부모가 자녀에게 전해 주는 정서는 무지개와 같습니다. 세 가지 불쾌한 정서로부터 도망가고 마음의 밑바닥으로 밀어 넣기보다는 대담하게 나 자신으로 투명하게 떠올려 정직하게 바라보는 것, 그곳에서 진실한 나를 알게 하며 자유롭고 빛나게 하는 힘들이 있다는 것이 이 부분의 핵심이기도 합니다. 부모가 청소년기 자녀들의 세 가지 정서에 대한 지식을 전해 준다면 청소년기 자녀들은 그 시기의 발달과제를 성취하는 데 힘 있는 버팀목이 될 것입니다.

이 책을 출판하는 데 지원을 아끼지 않으신 한국학술정보 채종준 사장님 이하 모든 가족들과 강태우 대리님, 예쁘고 아름답게 저의 마음의 글들을 십자수처럼 수놓아 주신 한세진 팀장님께 감사드립니다. 처음 출판하는 책이라 가슴이 떨리면서도 약한 부분들이 곳곳에서 드러날 것입니다. 읽는 분들의 마음의 배려에 맡깁니다.

사랑하는 저의 어머니, 최규레와 저의 강아지 가족인 똘똘이와 짱이 그리고 이 책을 가슴의 심장으로부터 깊게 읽어 주시는 독자 여러분 한 사람 한 사람께 저의 작은 책을 드립니다.

목 차

I

유아와 아동기 자녀에게
부모의 마음 보여주기

어린이집에 새로 입학하는 유아를 둔 부모와 이들을 보육하기 위해 기다리고 있는 어린이집에서는 새 학기가 시작되면서 여러 가지로 마음이 분주해진다. 유아들은 가정에서 어린이집으로, 어린이집에서 가정으로 또는 학년이나 반이 바뀌어 새로운 물리적인 공간이동이 있을 때는 주변 환경의 변화로 몇 가지 행동 특징이 나타난다. 어린이집에 입소하는 유아들 중 대부분은 가정에서 어린이집으로 공간이동의 변화를 감지하면서도 어린이집에 잘 적응하는 유아들도 있지만 어떤 유아들은 말없이 위축되거나 또는 주의가 산만해지고 소리를 지른다거나 혼자 논다거나 하며 어느 땐 방뇨하는 유아들도 있다. 어떤 경우이든 전반적인 유아들의 내적인 특성은 새로운 장소인 어린이집에 가는 것만으로도 유아들에게는 대부분 내적인 압력을 줄 수 있고 이로 인한 좌절감이 올 수 있다. 아동기에도 초등학교에 입학하는 아동과 매년 학년이 올라가는 시기에는 이런 특징이 주기적으로 올 수 있다는 것을 부모와 어린이집에서는 이해할 필요가 있다. 부모와 어린이집에서는 유아들이 가정과 어린이집을 하나의 친밀한 단위로 인식하기 위한 내적인 준비를 할 수 있도록 유도해야 한다. 유아들은 이리저리 공간이동에 대한 변화가 빠르지 않다. 새로운 장소에 있으면 각각의 유아들은 내적으로 이미 학습되어 있는 정서적인 행동 양상이 드러나며, 유아 자신과 부모들은 이를 다룰 수 있는 심층적인 힘을 가져야 한다. 다음부터 펼쳐질 이야기들은 유아와 아동기의 자녀들에게 도움이 되는 방법들로, 부모와 자녀들에게 내적인 균형과 평화 그리고 고통 속에서도 성장을 향해 돌진할 수 있는 길들이며, 필자의 작은 상담치료 경험들이 녹아내린 것이기도 하다.

1. 친밀한 대상관계 점검하기

유아들이 영아기 때부터 관계하는 양상은 모, 부, 장난감 또는 이불, 형제관계 그리고 친구나 친척, 이웃 등으로 대상관계능력이 확장되어 간다. 최초에는 모가 다음으로는 부가 자신들의 우울과 불안, 분노와 공격성을 얼마나 내적으로 잘 다루고(정서적인 안정감) 유아와 관계하느냐에 따라 이들이 잠자는 것과 장난감 놀이 그리고 다른 형제와 친구들과 행동하는 특징이 다르게 나타난다. 1차적으로는 모, 2차적으로는 부가 가지고 있는 핵심적인 정서들이 유아에게 점염되며 유아들은 모와 부로부터 느껴지는 따뜻한 정서를 경험하고, 불쾌한 정서들은 유아 스스로 내적인 싸움을 통해 다시 모와 부에게 전달된다. 안정감 있는 정서를 경험한 유아들은 스스로 경험한 정서에 따라 모와 부 그리고 형제, 타인에 대한 눈 마주침의 일반화, 미소, 배로 깊은 숨을 쉬면서 깊이 잠자기, 장난감을 친근하게 다루기, 옆에 친구나 형제 등 다른 사람이 있어도 불편하지 않고 관계하기 등의 힘들을 외적으로 보여준다.

모나 부가 스스로의 정서를 다루지 않은 상태에 있을 때 유아들은 불쾌한 정서를 경험하여 모 또는 부를 공격하는 반응을 보이는데, 예를 들면 모 또는 부에게 안기려고만 하거나 안기는 것을 거부하고 눈마주침의 시간이나 빈도가 짧고 산만하며, 쉽게 잠들지 못하고 발끈하거나 보채고, 대부분 가슴으로 숨을 쉬는 버릇이 있어서 이불이나 베개를 끌어안고 자거나, 주변 형제와 관계하기보다는 경쟁적인 우위를 점유하려 하고 울거나 장난감이나 타인에게 화풀이를 하는 등의 행동을 보인다.

유아들의 행동을 다루기 위해서는 먼저 모와 부가 스스로 과거에서 현재까지 은밀하게 가고 있는 정서(우울, 불안, 분노와 공격성 등)를 다루어야 한다는 의미이다. 모와 부가 자신들의 정서를 다루었을 때 유아들은 이를 더 깊게 경험한다는 사실을 이해할 필요가 있다. 유아들이 이미 영아기 때부터 성인수준의 감정을 가지고 있다는 사실을 안다면 모와 부는 이들에게 무엇을 지도한다기보다는 유아들이 제대로 모와 부의 다루어진 정서를 경험하게 하는 것이 무엇보다도 중요하다.

특별히 이불이나 장난감 또는 기타 물건에 달라붙어 있어서 늘 이런 것들을 가지고 다니거나 잠을 잘 때에도 자신이 좋아하는 물건이 없으면 불안해하는 아이들은 다른 타인에게 경험한 정서들을 이동시키기 어렵다. 자신이 달라붙어 있는 물건들은 대부분 모와 부에게 느끼지 못한 정서들을 상징적으로 보여주기 때문에 부모들은 먼저 자녀들에게 따뜻한 감정을 주고받아야 한다. 이때 자녀들은 거세게 또는 얄밉게 미운 짓을 할 수 있지만 부모들은 이 시간을 잘 견뎌내야 한다.

2. 나-설명문(I-statement)을 통한 정서언어지도

　　모가 자녀인 유아들과 어린이집에서 헤어질 때 아니면 어린이집의 차
량에 태우기 전에 모 또는 부는 어떻게 말하는가? "○○야, 잘 다녀오
렴", "안녕" 또는 부모와 인사만 하거나, 자녀를 어린이집에 말없이 들
여보내거나 손을 흔드는 등의 행동을 보여준다. 처음 만난 사람과의 관
계형성의 방법에서 "안녕하세요"의 피상적인 수준에서 자녀와 관계하고
있는 특징이다. 자녀와의 관계에서 정서언어표현의 예로 자녀들을 만나
고 헤어질 때 약간 자녀의 키 높이에서 가슴으로 끌어당기면서 포옹하
고 귓속말이나 서로 눈을 쳐다보면서 "엄마(또는 아빠)는 ○○와 잠깐
떨어지게 되어서 안타깝다. 엄마가 집에 있어도(또는 엄마가 회사에 가
있어도) ○○를 보고 싶을 거야. ○○야, 어린이집에서 ○○ 선생님이
○○를 기다리고 있어서 엄마(또는 아빠)가 기분이 좋아"란 예는 모 또
는 부의 정서경험을 중심으로 자녀와 관계하는 언어표현이다. 자녀가
모 또는 부와 헤어지기 싫어하여 빈 공허감을 느끼는 빈도가 높아지면
자녀는 어린이집에서도 위축되거나 혼자 놀고 짜증내거나 발끈하는 특
징이 더 많아질 수 있다. 위축된 아동과 산만하고 공격적이며 충동적인
아동의 마음 기저에는 공통적으로 우울과 불안한 감정이 더 많다.

　　이와 같이 나-설명문은 부모인 '내가' 자녀인 '너'에게 표현하는 정
서로 부모가 자녀에게 각각의 상황에 대해 어떤 감정을 느끼고 있는지
전달하는 기법이다. 가정은 정서의 학교이다. 정서에 대한 올바른 학습
없이 인지 중심의 학교교육을 따라가기는 어렵다. 자녀들이 더 크면
클수록 학습량이 많아지면서 어떻게 공부해야 할지 혼란스러워한다. 책
을 잘 읽고 자신의 것으로 소화시킬 수 있는 인지학습에 대한 지식이
필요하며 동시에 이 인지학습의 그릇을 크게 하기 위해서는 정서를 인
식하는 학습이 우선시된다. 부모가 자신의 정서가 어떤 느낌인지 그리

고 이것을 자녀와의 관계에서 어떻게 이동하는지 보지 못한다면 자녀는 정서 영역에서 소경이 되고 만다. 자녀들은 차후에 만나는 사람들의 감정을 읽는 데에도 어려움을 느끼고 그래서 또래나 기타 인간관계에서 더 많은 고통을 겪게 된다.

3. 호흡법과 마사지

　세상에 처음으로 나온 신생아들이 자는 것을 보면 한 가지 특징적인 것이 눈에 보인다. 신생아들이 잘 때는 숨을 크고 깊게 배로 쉬면서 잠을 잔다. 신체가 발달하면서 유아기에는 오감과 이들의 기능 그리고 사지의 활동의 양이 많아지면서 가슴으로 숨을 쉬는 버릇이 생긴다. 외부 환경과의 관계에서 관심과 집중의 지속 기간이 길어질수록 아랫배에서 가슴으로 숨을 쉬는 버릇이 많아지곤 한다. 그래서 수면시간에 모 또는 부는 자녀의 가슴에 대고 잘 자도록 가볍게 두드려 주지만 실제로 깊은 이완과 평상시 활동에서도 숨을 깊게 쉬는 습관을 자녀들이 유지하기 위해서는 가슴에서부터 아랫배까지 쓰다듬어 주면서 온몸에 대한 가벼운 신체 마사지를 해 주어야 한다. 깊은 잠을 유도하고 깊은 숨을 쉬도록 모 또는 부가 하는 이러한 행동은 모와 부에 대해 유아들이 느끼는 애착을 강하게 하고 뇌와 가슴의 호흡, 심장의 원활한 기능을 유도하기 위해서도 유익하며, 아울러 일상생활에서 자녀에게 다가오는 변화나 정서도 견딜 수 있는 힘을 갖게 한다. 예를 들면 정서적으로 위축되거나 충동적인 유아들에게는 먼저 외적인 행동을 다루기에 앞서 감각을 다루어 주는 것이 더 효과적이다. 언어(말)로 자녀들의 행동을 다룰 수 있는 성공률은 얼마나 되는가? 감각을 다루어 주면 모 또는 부의 말뿐만 아니라 자녀들의 행동도 더 부드럽고 유순해지며 자녀들이 이를 흡수하는 비율도 빨라진다.

모와 부는 먼저 자신의 심장박동, 호흡하는 순간의 느낌에 주의를 집중해 보자. 모와 부는 얼마나 자신의 몸 감각에 편안한가, 얼마나 부드러운가, 이런 심장의 소리와 호흡의 느낌을 얼마나 느껴 보는가? 자녀에게 말하기에 앞서 쉽게 흥분한다면 자녀는 이미 부모의 이런 거친 심장소리와 호흡 때문에 숨이 막힐 것 같은 질식감을 느낄 것이다. 아울러 이런 느낌은 가정의 전체 정서 분위기가 어떠한지 잘 표현해 준다. 부모는 자신의 심장소리와 호흡을 평화롭게 만들 필요가 있다. 쉽게 흥분하는 부모의 심장소리와 호흡은 자녀에게도 그대로 학습시켜 자녀도 쉽게 몸이 흥분하는 아이로 만든다.

4. 부모, 우리도 상담자가 되자

유아와 관계하는 핵심적인 대상은 부모들이다. 유아들의 신체 및 심리발달을 지도하기 위해서는 부모에게 상담 마인드가 요구된다. 상담능력은 유아들의 전인적인 지능발달을 촉진시킬 수 있으며 이것이 유아들의 학습과 활동에 어떻게 기여할 수 있는지 생각해 보아야 한다. 여러 가지 다양한 능력과 성격 그리고 자질을 가지고 있는 유아들에게 공통적으로 하나의 줄기만을 교육하는 것이라기보다는 상황에 따라 탄력적으로 순간순간 반응할 수 있는 능력을 의미한다. 문제가 있어서 부모의 손을 벗어난 유아들에게는 치료자에게 의뢰하는 것이 현명하지만 결국 다시 유아가 돌아오는 곳은 부모이기 때문이다.

상담이란 "지금-여기의 현재 삶을 살도록 초대하는 것"이다. 과거나 미래로 도망가서 미해결된 과제들을 현재에 반복하는 것이 아니라 현

재의 '나'를 느껴 보면서 제대로 된 '나'의 이미지를 만드는 것이다. 대부분 부모들은 그동안 부모가 한 인간으로 살아온 배경들과 경험으로 자녀를 상대한다. 자녀가 어떤 문제가 있어서 상담하는 것이 아니라 부모들과 함께 자녀들도 '몸과 마음의 건강'을 위해 필요하다는 의미이다. 부모와 자녀가 몸과 마음속에 어떤 것을 그리느냐는 일상생활의 삶 속에서 어떤 경험들이 서로에게 오고 가느냐의 영역이기도 하다.

　부모가 좋은 상담자가 되기 위해서 이제부터 읽게 되는 부분들은 여러분들을 부모이면서 동시에 교육자이고 가슴의 목소리를 열개하는 치료자의 길로 초대하고 있다.

5. 부모들의 소리조절을 통한 정서지도

유아들이 말하는 소리는 고저와 음색, 음률이 다르다. 서로 다른 부모를 두었기 때문이다. 유아들은 부모들이 말하는 음의 고저와 음색, 음률을 학습하고 말할 때에도 이를 활용한다. 부모들이 유아들의 이러한 특징을 알아 두면 유아들과 관계하기가 쉬워진다. 유아들이 좀더 제대로 된 표현력을 발달시키는 데에도 유아들의 개인적인 소리형태로 들려주면 빠른 친근감을 형성할 수 있게 된다. 무엇을 많이 활동하면서 가까워질 수 있는 방법보다는 유아의 개인적인 소리특성을 파악하여 부모가 유아에게 말할 때 함께 활용하면 유아는 더 쉽게 알아들을 수 있다. 유아들이 사용하는 말 중간 중간에 비음이나 의성어도 중요한 표현의 자료가 되며 언어의 표현력이 발달하면서 이러한 비음이나 의성어는 사라지면서 언어의 기저에 자리잡게 된다. 유아들의 개인적 특성인 소리를 활용하는 것은 유아들에게 정서적인 이완감과 친근감을 가지게 하며, 소리를 활용한 관계형성이야말로 부모들이 자녀들을 어린이집과 같은 새로운 가정, 새로운 경험의 장으로 초대할 수 있는 토대를 만들어 준다. 유아가 부모와 성공적으로 가까워지면 또래관계를 형성하는 데 그리고 유아들이 또래와 관계하는 데 나타날 수 있는 어려움들을 견디는 힘들이 형성될 수 있게 된다. 이러한 토대 위에 만들어진 부모들의 가정보육은 이들에게 가장 기억될 만한 경험이 된다.

소리는 유아들이 기쁜지, 슬픈지, 유쾌한지, 화가 나는지, 짜증이 나는지, 편안한지, 두려운지 등 유아 자신의 몸의 상태와 다양한 정서를 보여준다. 언어표현 이전에 이러한 소리의 정서를 읽어 주고 이를 언어로 표현해 주는 것이 가정의 정서교육의 핵심이다. 소리에 대한 공감적 언어는 상대가 되는 유아의 마음을 반영해 주면서 유아 자신도 자신의 자아가 올바르게 탄생될 수 있도록 한다. 상대인 부모가 유아의 정서를 읽어 주면 좋은 감정을 촉진시키며 나쁜 감정은 이완되고 평화로워지기 때문에 유아 스스로도 정서를 다룰 수 있는 힘을 얻게 된다.

언어표현 이전에 정서를 공감해 주는 기술은 이후의 언어발달을 세련되게 성장시킬 수 있다. 비언어에 속하는 소리는 언어적인 표현과 함께 중요하다는 의미이다. 대다수 부모들은 자녀에게 '말'인 언어를 가르치고, 자녀들이 빨리 또는 적절한 시기에 '말'하기를 기대한다. 발달시기상 적절하게 한 단어 또는 두 단어 등을 통해 문장을 표현하는 것이 이루어지지 않으면 부모들은 놀라며, 주변사람들을 통해 자녀가 발달이 지체되었다는 소리를 듣게 된다. '말'에 대한 치료를 먼저 생각하는데, 사실 언어 이전에 소리훈련은 언어표현에 절대적으로 필요하다. 언어 이전의 정서도 언어의 절친한 친구이기 때문이다. '말'의 속도, 패턴, 고저뿐만 아니라 감정표현 등은 모두 정서가 하는 역할이기 때문이다.

부모들은 자녀들이 사물을 인지하여 말하는 시기에 경이롭고 신비로운 자녀들의 능력을 보고 감동한다. 언어표현이 유창해지기 위해 이런저런 자극들과 책들을 읽어 주는데, 자녀들이 세상과 언어에 대해서는 자각할지는 몰라도, 자신의 정서를 인지하는 능력은 퇴화된다. 정서는 부모가 자녀에게 전해 주는 언어인데, 자녀가 이런 패턴을 학습하며 자녀도 스스로의 정서뿐만 아니라, 부모의 정서를 읽어 주게 된다. 부모와 자녀는 그래서 소리를 통해 서로의 정서를 교감하고 있는 것이다. 부모와 자녀는 "가슴의 소리를 주고 받는 관계"이다.

부모의 목소리가 높으면 어떤 좋은 말이나 충고라고 자녀들은 부모들의 말을 소화하기 어렵다. 소리가 높으면 자녀들은 부모를 비롯하여 타인이나 세상의 모든 자연소리들을 잘 알아차리지 못하고, 두려움과 경계심, 때론 신체감각에 대한 지나친 예민성으로 주의 산만한 행동을 보이기도 한다. 부모가 자녀들의 안전이나 잘못 또는 교정을 하기 위해 짧고 간단히 높은 소리를 내지만, 대부분 부모들이 내는 소리들은 자녀들에 대해서 비난하거나 비교하기 또는 화를 내기 때문에 자녀들은 자신에 대해 '나쁜 이미지'를 형성한다. 부모들의 목소리를 보통수준, 낮은 소리 또는 높은 소리 등 다양한 상황 안에 물이 흐르듯 파도가 치듯 탄력적인 흐름을 타는 소리일 때 신뢰로워진다. 낮은 소리이든 높은 소리이든 평범한 보통소리이든 단 한 가지의 소리는 자녀를 정서적으로 둔감하게 만들며 부모와 자녀 간의 신뢰감을 깨트린다.

부모의 목소리는 대화나 음악 또는 동물들의 소리에 대해 열려 있는 귀의 상징적인 의미들을 발달시킨다. '귀'는 자신의 목소리뿐만 아니라 타인이나 세상의 다른 목소리들을 들을 수 있는 장소이다. 다양한 소리를 알아차려 그곳에 머물러 있는 능력은 타인과의 차후 인간관계에도 지대한 영향을 끼친다. 상대의 말을 잘 들을 수 있을 때 상대를 알 수 있고 자신이 이런 상대와 관계하는 방법을 더 쉽게 알 수 있기 때문이다. 소리에 대한 청각뿐만 아니라 시각이나 맛 등의 감각도 그 기제는 동일하다. 소리감각을 잘 알아차리면 눈에 보이는 시각의 이미지들도 눈이라는 감각 안에 머물러 있게 하고 여러 가지 다양한 맛의 감각을 알아차려 현재인 몸의 전체 감각에 머물러 있게 한다. 현재를 몸이 감각으로 느낄 수 있는 가장 중요한 단계이다. 그냥 듣는다, 본다, 맛보다, 냄새 맡는다와 같은 감각의 기능 이상의 의미들을 전해 줄 수 있다는 의미이다.

생각해 보라. 우리가 느끼는 감각보다는 얼마나 많은 생각에만 너무 많이 에너지를 사용하고 있는지를, 소리느낌에 대한 알아차림을 통해 생각을 창조하자.

6. 부모가 스스로의 심판자 역할 포기하기

부모는 새로 태어난 자녀에 대해 처음에는 건강하고 잘 자라나기를 희망하면서도 '학교'에 들어가는 전과 후에 타인과의 경쟁에서, 사회적으로 유능한 사람이 되기를 기대한다. 지극히 자연스러운 과정이다. 문제는 자녀의 조건과 상관없이 진행되는 부모 자신이 마음의 밑바닥에서 꿈꾸어 왔던 과거의 '나(I)' 이미지들이다. 현재의 '내가' 이루지 못했던 길을 자녀에게 일방적으로 강요할 때이다. 아울러 더 위험한 것은 자녀에 대해 무지하고 다른 사람들이 하던 방식대로 자녀를 양육하는 것이다.

　부모가 미해결과제로 남겨 놓은 것들은 자녀라는 '현재'를 통해 이루어진다. 부모가 자신의 감정이나 생각들의 흐름을 알아차리고 있다면 부모의 과거 이미지들이 자녀에게 이동할 힘들은 그만큼 약해진다.

　과거의 미해결과제가 많은 부모일수록 부모 자신의 생각과 감정대로 자녀를 심판한다. 심판하는 부모는 자녀가 '-하다'라고 규정짓는 것이며 이러한 규정들은 변하지 않는다. 물론 자녀들은 부모들이 자신들에게 규정해 놓은 반복적인 말들을 자신의 이미지로 착각하면서 세상을 살아간다. 자녀의 내적인 정서나 생각과는 다르게, 외적으로 보이는 행동에 일격을 가하면서 자녀들의 개인적인 자기세계를 분열시켜 놓는다.

　자녀들은 부모들이 자신들에게 한 말들을 '믿음'으로 받아들인다. 그래서 부모들이 반복적으로 자녀들에게 하는 '잔소리'는 자녀들이 자신의 이미지를 '나쁘게' 만들어 놓는다. 심판자인 부모는 자녀들에게도 스스로 심판할 수 있도록 무언의 암시를 준다. 예를 들면 부모가 자녀에게 보여주는 심판적인 언어는 '너는 ~해야 한다'라는 완벽하고 강압적인 표현들에서 잘 보여준다. 이 문장 안에는 공부와 친구관계, 학교, 가정과 일상생활 안에서의 부모 등 어른들에 대한 관계 등이 포함된다. 왜라는 설명 없이(물론 부모는 부모가 보기에 자녀가 잘 알아듣든 아니면 잘못 알아듣든 상관없이 왜 해야 하는지 간단히 설명할 필요가 있다) 무엇을 늘 해야만 한다고 주입된 부모의 믿음은 자녀에게 어떤 일을 완성하고 성취해도 또는 잘 하지 못해도 불안하고 두렵게 만든다. 무엇을 해도 어떻게, 왜 하는지는 차후에 두고두고 설명할 부분인데도, 부모에게는 '결론'과 '결과'만 관심있어 한다. 부모들은 기억해야 한다. 부모가 자신의 개인적인 삶의 과정을 통해 얻어진 경험은 자녀들의 개인적인 자신과는 다르며, 부모가 바른 길이라 생각했던 것들은 시간을 두고 자녀와 '마음나누기'를 통해 이루어져야 한다는 것이다.

부모가 생각하기에 자녀의 삶에 있어서 중요하다고 생각하는 이러한 영역 이외에도, 자녀들이 삶의 순간순간에 보여주는 문제 또는 다루기 어려운 행동들에 대해서도 동일하다. 부모가 자녀에게 '너는 ~이다'라고 정의한 자녀의 행동이나 성격특징들은 자녀에게 또한 '동일한 믿음'을 형성해 준다. 지금까지 자녀들에게 반복적으로 주었던 부모 자신의 말을 분석해 보면 자녀들의 성격이나 행동특징들을 볼 수 있다.

7. 엄마 그리고 아빠, 나의 감각을 먼저 읽어주세요

○○는 5세 남아로 부모 및 타인과 눈 마주침의 접촉시기가 짧고 주의가 산만하며 가정에서는 엄마와 아빠가 "안 돼", "하지 마" 등 제지, 통제, 명령어의 표현이 많으며 때론 혼내기도 하고 달래기도 하며 원하는 것을 사 주기도 하지만 그때뿐이고, 새로 태어난 동생에 대해서도 자신의 장난감을 만지면 씩씩거리며 꼬집거나 때리기도 하면서 소리 지르기도 한다. 엄마와 아빠는 ○○가 언어표현 등 인지학습에는 별다른 어려움이 없어서 최근에는 쓰기를 조금씩 가르치고 있는데 조금 쓰다가도 힘들다고 하며 짜증이나 신경질을 부리는 빈도가 높아 앞

으로 원이나 학교에 가면 수업도 잘 받고 친구들과 친하게 지내야 하는데 ○○에 대한 걱정이 이만저만이 아니다.

대부분 가정에서 부모들이 가장 고민하는 문제로는 유아들이 주의가 산만하고 어느 땐 충동적으로 행동한다고 호소한다. 이러한 행동은 초등학교시기에도 빈번히 호소하는 문제행동들이다. 물론 유아기의 신체 발달상으로 보면 이들의 신체 활동의 범위가 넓어지면서 그만큼 활동량도 많아진다. 부모들은 이런저런 방법을 다 사용하지만 제한된 통제력에 대한 좌절감 때문에 자녀들이 원이나 학교에 가서 수업도 받고 여러 가지 활동과 또래들을 만나면 달라질 수 있다는 것과 상담실에 내방하는 경우에 부모들은 치료자에게 기대하는 것 또한 사실이다. 우리는 좀더 유아들을 지혜롭게 관계할 필요성이 있다. 여러분의 자녀들 그리고 원이나 학교에서 만나는 유아들은 성인에게 의존해 있다기보다는 서로 관계하기를 소망하고 있기 때문이다. 아래에 소개되는 방법들은 유아와 아동상담과 심리치료에서 활용되는 방법들을 가정에서 적용해 볼 수 있는 지혜로운 기법들이다.

1) 감정을 읽어 내는 생각의 힘 다루기

원이나 학교 그리고 가정에서는 각각 여러 가지 다양한 활동 프로그램이 있다. 대부분 신체 활동과 생태체험, 인지학습과 예술 활동(음악, 미술, 동작 활동 등), 사회성 발달에 그 목적을 두고 있지만 유아들 개인에 대한 지식들은 공허한 상태이다. 어떤 것이 유아들에게 가장 좋은지 물어본다면 그것은 유아들 자신이 현재 경험하는 세계로부터 출발해야 된다고 말할 시기에 다다른 것이다. 특히 주의가 산만하고 주변의 또래들로부터 소외되어 있으면서도 눈치가 빨라 민감하고 때론 발끈하기도 하면서, 수업의 전체 활동을 방해하는 유아 한 명만으로도 학급의 전체 분위기는 상당히 혼란스럽다. 가정에서 이러한 특징들 중 한두 가지를 뚜렷하게 보이는 유아와 관계하는 데 가장 효과적인 방법은 유아들이 가정과 친구, 일상생활에서 산만하게 행동하는 모습, 신경질을 부릴 때 표현하는 유아와 부모의 언어, 또래 친구들이 자신의 장난감을 가져갔을 때 유아와 부모들이 하는 행동과 말 등을 분석하여 원이나 학교 그리고 가정에서의 놀이수업이나 프로그램에 적절히 삽입하여 보여준다면 유아들은 자신의 행동 속에 숨어 있는 감정을 읽어 내고 생각을 만들어 낸다. 유아심리교육의 한 방법이다. 유아와 아동상담에서는 유아들이 부모와 함께 상담실에 들어오면서 신경질을 부리고 바닥에 앉아서 운다거나, 상담실의 장난감들을 산만하게 만지작거리는 행동을 보여주었을 때 상담자는 치료시간에 유아가 보여준 행동을 치료자가 그대로 모방하여 유아에게 보여주며, 유아와 아동의 소리와 말들을 모방하고 이리저리 왔다 갔다 하면서 산만하게 만지는 장난감 활동을 그대로 따라 한다. 유아들은 치료자를 통해 자신의 행동을 보면서 내적인 통제력, 즉 생각하는 힘을 창조하게 된다. 이러한 방법들은 목소리 녹음이나 캠코더 촬영 등을 통해 유아들이 자신의 소리와 행동을 보게 하여 정서를 조절하는 방법과 그 맥을 같이한다. 유아들은 자신의 행동을 관찰하게 될 때 느끼는 감정 그대로 행동으로 표현하는 흐름을 생각으로 재창조하는 것이다. 새로운 지식은 유아 자신의 경험에서 출발해야 된다는 의미이다.

2) 감각기관을 언어화하기

산만하거나 충동적으로 발끈하는 유아들이 가장 많이 움직이는 것은 팔과 다리(발)이다. 전체적으로는 온몸이 부산하게 움직이는 것 같지만 잘 관찰해 보면 유아들의 손과 다리(발)가 가장 빠르고 빈번하게 움직이고 있음을 보게 된다. 즉 생각 없이 부분적으로 활동하고 움직이는 손과 다리(발)에 대한 알아차림과 이완이 필요하다는 의미이다. 이러한 유아들에 대해 가정의 부모들이 하는 것은 "안 돼", "기다려", "이러면 위험하잖아", "손으로 때리면 친구가 아프잖아" 등과 같은 말이다. 시간이 지나면 유아들은 가정에서의 행동을 반복하게 된다. 손과 다리(발)의 흥분된 감각기관을 이완시키기 위해서는 가장 많이 활동하는 감각 부분인 손 또는 다리(발)에 부분 신체접촉과 함께 감각을 읽어 주는 언어표현이 필요하다. 접촉치료와 인지학습을 함께하여 유아와 아동이 자신의 행동을 통제할 수 있는 힘을 만들어 준다. 예를 들면 유아가 가정에서 동생을 때릴 때처럼 손으로 친구를 밀거나 때리는 경우(여아들은 은밀하게 웃으면서 옆에 있는 친구들을 꼬집을 수 있음) 가정의 부모는 "(○○의 때린 손을 부드럽게 만지면서) ○○의 손이 화가 났구나, 친구(형 또는 동생) ○○가 ○○의 장난감을 가지고 가서 ○○의 손이 기분 나빴는가 보다"라고 유아의 손의 감각을 언어로 표현해 주는 것이다. 부분 신체접촉 후에 감각을 언어화하는 방법은 유아들이 가정에서 나타내는 손 또는 다리(발)의 흥분된 감각을 다룰 수 있는 중요한 기법 중의 하나이다.

아울러 유아들은 신체 활동이나 그림을 그리는 시간 등은 재미있어 하면서도 글씨로 무엇을 쓰는 시간은 상당히 어렵게 생각한다. 특히 산만하고 집중력이 떨어지면서 발끈하는 유아들은 글씨를 쓰다가도 중도에 포기하는 행동이 많아 언어표현능력은 있어도 이를 손의 움직임을 통해 문자로 표현하는 능력은 떨어진다. 유아들이 글씨를 쓸 때 힘들어하는 것은 무엇일까? 최초 글쓰기를 할 때 유아들은 손과 손목, 팔, 어깨 등 소근육과 대근육에 힘을 집중시키기 때문에 손의 활동이 경직되어 있다. 자세히 그리고 구체적으로 세밀하게 집중이 요구되는 인지학습 활동 중 쓰기능력은 얼마나 소근육(손가락과 손목)을 부드럽게 이완시키느냐에 있다. 글쓰기를 잘하기 위해서는 쓰기 활동 중간 중간에 손의 근육, 손의 마디, 손목, 팔 그리고 어깨 등에 대한 근육이 완과 함께(부분접촉) "○○의 손이 힘든가 보다"라는 감각언어반응이 필수적이다. 인지학습 활동 중에서 쓰기능력을 향상시키는 방법에도 부분접촉 후 감각을 언어로 표현해 주는 기법도 도움이 된다. 유아들이 쓰기능력에 힘이 붙으면 조용한 곳에서 공부하고 중요한 단어나 그림 등에 밑줄을 긋거나 체크하는 것, 읽고 말할 때에 녹음기를 활용하여 들려주는 것 그리고 활동 중간 중간에 휴식시간을 늘리고 줄이는 것 등이 매끄럽게 배열되는 것도 하나의 방법이다.

산만하고 발끈하기 쉬운 유아들은 부모와 또래 친구와 관계 맺는 능력도 떨어지므로, 유아들이 가정의 부모들과 또래 친구들에게 "안녕"이라는 인사하기를 촉진하는 경우에도 "○○의 손과 눈이 인사하네, 안녕"이라고 동작 활동과 감각언어 표현을 해 준다면 유아들이 가정의 부모들과 친구들을 최초로 만나는 관계의 시작을 강화시킬 수 있다.

3) 모태음악 들려주기

가정이나 유아교육기관에 가 보면 수업시간이나 활동시간 이외에 음악을 듣기가 어렵다. 심지어 가정에 들어오는 현관의 문을 열어도 어떤 소리도 들리지 않는다. 가정과 유아교육기관의 공간들이 적막하다. 가정의 현관문은 가정의 마음의 문과 같고 유아들이 최초로 가정에 들어가는 첫 만남이기도 하다. 만남은 언제나 인간관계에만 한정되지 않고 소리나 건물 등 물리적인 자극과도 관련 있다는 것을 간과하곤 한다. 유아들은 영아기에 모태에서 엄마와 아빠가 즐겨 들려주던 음악, 즉 소리에 반응하며, 어느 땐 신생아기에 모태에서 들었던 음악을 들려주면 울음을 멈추고 안정된 몸과 정서반응을 보여준다. 엄마와 아빠가 모태에 있었던 유아들에게 들려준 음악이 무엇인지 분석하고 이를 사계절에 따라 나누어 가정의 현관문을 열 때 그 음악소리가 난다면 가정의 물리적인 공간과 부모들은 이미 엄마의 모태로서의 역할을 담당할 수 있다. 노랫소리에 맞추어 율동하는 시간, 학습할 때 형제 또는 자매들이 함께 놀이할 때에도 모태음악을 적절히 삽입하여 틀어 주면 유아들은 어떤 사람이나 물질(예를 들면 장난감이나 학습과제 등)에 몰입하는 시간도 빨라진다. 주의가 산만한 유아들을 학습이나 어떤 활동에 따라 하도록 유도하는 데 가정의 부모들은 많은 힘을 소모하고, 그림을 그리는데 중간에 포기하거나 다른 아이들을 방해하여 이리저리 뛰어다니는 유아를 어떻게 멈추게 할 것인가에 대한 방법을 모태음악에서 찾아보는 것도 지혜로운 방법일 것이다. 이미 익숙해진 유아들의 내면의 소리를 기초로 하여 가정에서 생각하고 있는 새로운 활동, 새로운 변화, 새로운 프로그램을 운영하는 것이 더 쉽다는 의미이다. 물론, 공기를 정화하는 초록색 식물도 자녀들의 호흡을 맑게 하고 눈을 자극하며 가슴을 평화롭게 한다.

4) 엄마와 아빠, 스스로의 우울과 불안감 견디고 다루기

유아인 자녀들의 감정 또는 정서는 엄마와 아빠의 감정 또는 정서와 일치해 있어서 자녀들의 마음, 즉 이들의 정서와 생각 그리고 행동은 엄마와 아빠를 닮아 간다. 눈의 시각 활동과 팔과 다리(발)의 운동 활동이 혼란스럽게 빠른 자녀들은 엄마와 아빠의 우울과 불안을 자신의

마음속에 담아 두고 밖으로 밀어내는 상징적인 노력 중의 하나이다. 엄마와 아빠로부터 자녀에게 전이되는 우울과 불안한 감정들은 비록 자녀 스스로 자신의 마음속에 담아 두지만 불쾌감을 주기 때문에 엄마와 아빠, 동생이나 형, 누나나 언니 그리고 주변사람들에게 발끈하고 신경질적이며 때론 공격적으로 말을 하거나 물건을 던지고 꼬집거나 때리는 행동으로 표현되기도 한다. 자녀들이 이러한 행동을 보이고 그 정도가 심해질수록 엄마와 아빠의 우울과 불안감이 더 깊다는 것을 깨달아야 한다. 자녀들의 행동에 질서를 잡아가기 위해서 우선적으로 필요한 것은 자녀에게 전이되는 엄마와 아빠 자신의 우울과 불안감을 다루는 것이다. 보편적으로 엄마와 아빠는 자신이 자녀들에게 말하지 않으면 삶에 대한 좌절과 지속적인 스트레스에 대한 압력으로 느껴지는 불안감이 자녀들에게 알려지지 않을 것이라고 생각한다. 착각이다. 자녀들은 엄마와 아빠 자신의 감정을 누구보다도 더 투명하게 비추고 있음을 알아야 한다. 자녀들은 엄마와 아빠의 감정을 반사시키는 빛이다. 그래서 자녀들을 보면 그 자녀의 엄마와 아빠의 마음의 모습이 그려지는 것이다. 엄마와 아빠가 우울과 불안감을 다루는 데 가장 생각해야 될 것은 우울과 불안을 없애려 하지 않고 이러한 감정을 견디며 우울과 불안한 모습에 솔직해지며 이를 읽어 내고 우울과 불안의 급소를 알아야 한다. 비록 만족스런 해결점은 찾지 못할지라도 자녀들은 엄마와 아빠를 상대하는 데 편안하고 좋은 감정을 발달시킬 수 있게 된다. 엄마와 아빠가 자신을 알아 가는 견딤과 깨달음의 과정 안에 있기 때문이다. 무엇을 어떻게 하여 우울과 불안을 없애려 한다면 그 감정은 더 원시적이고 엄마와 아빠가 스스로 다루지 못한 감정의 전이를 촉진시켜서 자녀는 공격적인 행동으로 그 감정을 드러낸다. 엄마와 아빠에게서 좋은 말보다는 제지와 통제 그리고 명령어의 언어들이 더 많이 표현되는 이유가 여기에 있다.

엄마와 아빠가 우울과 불안을 잘 견뎌서 스스로 읽으며 이들의 급소를 알아 가는 과정상에 있으면 엄마와 아빠의 감정은 탄력적이어서 자녀들의 좋은 행동에 좋은 언어표현이 많아진다. 자녀들의 괜찮은 행동을 더 섬세하고 정확하게 볼 수 있다는 의미이다. 동생이나 또래 친구를 때리는 자녀의 행동에 대해서 설명하고 자녀가 비록 감정을 충동적으로 표현했다 하더라도 그 행동에 대한 책임성, 즉 자녀가 스스로 나타낸 행동을 받아들이는 능력을 발달시킬 수 있게 된다. 형 또는 언니로서 동생에 대한 의무감에 앞서 이러한 책임감은 그 무엇보다도 중요한 내적인 힘이다. 책임감은 자녀들이 형제와 자매 또는 또래 친구 등에 대한 공격적인 행동의 빈도가 감소하면서 멈추고 눈으로 보며, 엄마와 아빠, 형제와 자매 그리고 주변 사람들의 말을 듣고 생각하고, 관계할 수 있는 능력이다.

5) 도움 청하기와 함께하면 두 번씩 체크하서기

엄마와 아빠는 자녀들이 원이나 학교에서 어떤 수업을 받았고 무엇을 했는지 그리고 어떻게 하는지 상당히 궁금해 한다. 그리고 그것으로 끝이다. 엄마와 아빠는 자녀의 새로워진 능력을 확인하는 것만으로도 만족감을 느끼는 경우가 많기 때문이다. 완전한 엄마와 아빠 앞에서 자녀는 무엇을 만들어 내는 능력에 앞서서 다음에는 무엇을 할 것인지 엄마와 아빠를 보게 된다. 특히 자녀들의 혼란스런 행동은 스스로 무엇을 잘못하기 때문에 대한 인식에서도 출발하지만 완전한 엄마와 아빠의 이미지 속에서도 출현한다. 자녀들은 엄마와 아빠에게 의존하는 것보다는 관계하기를 원한다. 엄마와 아빠가 자녀들과 관계하는 첫 번째 행동은 자녀에게 도움을 청하는 것이다. 엄마와 아빠도 제한점을 가지고 있다는 것이야말로 자녀들이 엄마와 아빠에게 좀더 친밀히 관계할 수 있는 내적인 문을 열어 주게 된다. 예를 들면 가정에서 자녀들과 블록놀이나 인형, 부엌놀이 중간에 또는 일상생활의 집안일에서도 "엄마(아빠)는 문을 만들고 싶은데 이쪽 블록이 잘 끼워지지 않는구나 ○○가 도와줄래?, 엄마(아빠)가 거실을 청소해야 하는데 이쪽은 ○○가 도와줘" 등과 같은 표현이다. 자녀에게 도움을 청하는 행동은 자녀들이 관심과 흥미를 갖는 것도 함께 공유할 수 있고 엄마와 아빠가 자녀와 대화의 내용도 원이나 학교의 수업과 자녀의 행동, 감정 그리고 친구들과의 관계 등 대화의 폭이 넓어진다. 부모가 지시하고 자녀가 따라 하는 관계에서 서로가 상대를 향해 제대로 움직이는 상호작용의 관계가 된다는 의미이다.

엄마와 아빠가 자녀가 좋아하는 활동에 대해 움직이기 시작하면 산만하고 발끈하기 쉬운 자녀들에게 원이나 학교, 가정의 수업이나 학습활동 중에도 한곳에 앉아 있는 지속 기간을 조금씩 늘릴 수 있고, 두번 지시하거나 두 번씩 체크하는 엄마와 아빠의 반복된 소리도 소화할 수 있는 이해력을 발달시킬 수 있다. 이해력은 자녀가 외부 자극인 엄마와 아빠의 언어를 자녀의 입으로 잘게 부수어 위에서 소화할 수 있는 능력을 의미한다. 자녀들이 소리를 소화할 수 있다면 시각으로 보는 자녀 이외의 주변 자극들을 잘 볼 수 있어서 흔들리지 않게 된다.

8. 반복되는 두려움에서 자유로워지기

가영(5세, 여아)이는 가정에서는 동생들과 또는 가까운 친척 아이들과는 놀이도 재미있게 하면서 잘 지내지만 원이나 학교에 가면 부끄럼이 많아 수줍어하고 집에서는 말을 잘하는데 원이나 학교에서는 자기 표현력도 떨어져 말을 잘 하지 않으며 위축되고, 때론 원이나 학교에서 친구들이 자신이 가지고 노는 장난감을 빌려가거나 크레용을 함께 쓰면 울거나 어느 땐 소리 지르고 발끈하며, 교사가 무엇을 시키거나 질문하면 겁을 먹는 등, 조금 있으면 원이나 학교에서 소풍도 가고 야외 생태체험도 해야 하는데 가영이가 가정과 원 또는 학교에서 보이는 행동이 달라 어떻게 가영이를 도와주어야 할지 걱정이다.

대부분 부모들은 가정에서 잘 지내는 자녀들이 원이나 학교에서도 성공적으로 제대로 관계할 것이라는 자연스러운 기대감을 가지고 있다. 가영이처럼 가정에서 보이는 행동이 다를 때 부모들은 난감해질 때가 한두 번이 아니다. 가영이처럼 장소에 따라 서로 다른 행동을 보이는 유아들은 그동안 가정에서 자신이 하고 싶은 놀이나 함께 노는 동생이나 친구가 정해져 있고 때론 편식하는 경우도 있어서 감각의 발달도 어느 하나에만 집중될 소지가 많다. 아울러 자신이 선택한 놀이나 그림그리기, 만화나 동물, 기타 동화 비디오와 CD를 보면서 함께 따라 하는 등 집중력은 길지만 어느 한 가지에만 지나친 몰두를 보인다. 사실 어느 한 가지만을 가지고 노는 경우와 이것저것 산만하게 가지고 노는 경우, 이와는 반대로 원이나 학교에서는 친구들과 잘 지내는데 가정에서는 동생과 자주 싸우는 유아들, 또는 가정보다 원이나 학교에서 두려움을 빈번히 보여주는 행동은 적극적인 공감능력 부족과 함께 또래들과 제한된 관계능력발달에서 동일한 심리적인 기제를 가지고 있다. 외부로 보이는 유아들의 행동에 따라 다양한 방법을 활용하기보다는 그 행동 기저에 깔려 있는 반복되는 힘들을 관찰할 필요가 있다. 유아들이 반복하는 행동에 대한 힘의 원리를 안다면 다양한 상황에 따라 이해하는 인지와 움직이는 행동의 탄력성도 촉진시킬 수 있다.

1) 또래 친구들의 감정과 생각 읽어주기

유아와 아동이 가정의 활동에 참여하면서 다른 또래 친구들과 협동하고 사회인지 영역의 발달을 촉진시키는 것은 그 무엇보다도 중요하다. 유아들이 자신과는 다른 타인, 즉 또래 친구들의 존재에 부드러워지고 탄력적일 때 다른 영역의 발달을 기대해 볼 수 있다. 가정의 중심은 유아들 자신이기 때문이다. 가정에서는 별다른 문제가 없었던 유아들이 원이나 학교에 오면 또래 친구들과 관계실패를 보이는데(그 반대의 경우도 있음), 예를 들면 옆자리에 또래가 앉는 것도 싫어하며 살짝 건드려도 발끈하면서 운다거나 교사나 또래 친구가 무엇을 물어보면 대답하지 않고 멍하니 있고, 음악활동시간에 또래 친구가 손을 잡으려고 하면 뿌리치거나 때론 웃으면서 교사가 보지 않는 곳에서 은밀하게 친구들을 꼬집는 행동을 보이면서도, 교사가 자신에게 능동적인 눈 접촉을 통해 관심을 보이면 친구들에 대한 상호작용의 활동량이 많아지는 유아들을 볼 수 있다. 겉으로 보기에는 얄미운 유아이지만 특별히 관계해야 할 대상이기도 하다. 즉 상대인 또래, 즉 자신 이외의 타인을 받아들이는 데 어려움이 있는 유아이기 때문이다.

가정에서 부모들이 유아들에게 또래 친구와의 관계를 활성화시키기 위해서 함께 무엇을 만든다든가 그린다든가 말하게 한다든가 노래나 율동 등과 신체 활동이나 야외에서 생태교육을 실시하기도 한다. 어떤 활동보다도 가장 유아가 좋아하는 것은 유아 자신의 마음을 제대로 읽어 주는 사람일 것이다. 특히 가정의 부모는 또래와 관계를 촉진시켜 주기 위해서는 유아가 상대하는 또래 친구의 마음을 잘 읽어서 전해 주어야 한다. 유아는 자기를 표현하는 언어 수준은 미숙하지만 언어의 의미를 담아낼 수 있는 감정의 폭이 깊다는 것을 알아야 한다. 유아들은 언어로는 자신의 감정이나 생각을 표현하지는 못해도 내부적으로는 이해할 수 있는 힘이 있음을 기억해야 한다는 의미이다. 원이나 학교에 오는 유아가 상대인 또래 친구에게 "안녕"이라고 인사했을 때 상대가 "안녕"이라고 말하는 데 머뭇거리면 교사 또는 부모가 "○○(또래 친구 이름) 눈이 '안녕'이라고 ○○에게 인사하네"라고 말해 주어야 한다. 이때 누가 누구에게 하고 있는 말인지 이름을 함께 언급하는 것을 잊지 않는다. 또 한 예로 또래 친구가 잘못해서 유아를 밀거나 크레용 등을 허락 없이 가져가서 유아가 울거나 소리 지를 때 "무슨 일이니?, 어떻게 된 거니?"라고 질문하기 전에 교사 또는 부모는 "○○가 ○○를 손으로 밀어서, ○○가 ○○의 크레용을 그냥 가져가서 화가 났는가 보다"라고 상황 또는 사건에 대한 설명과 함께(등의 척추 쪽을 아래위로 스킨십 하듯이 밀어주면서) 감정반응으로 마무리하는 언어표현력이 필요하다. 형제 또는 자매들 간의 관계에서도 마찬가지 원리를 적용할 수 있다.

부모는 유아들의 마음의 중재자이다. 부모와 교사는 유아들 간의 마음을 읽어 주고, 이를 이어 주는 '무지개 다리'와 같다. 무지개의 다양한 색깔처럼 다양한 유아들의 표현들을 읽어서 연결한다는 의미이기도 하다.

2) 행동으로 표현하는 역할 연기

가정에서 놀이를 하는 유아들을 보면 스스로 여러 가지 다양한 역할을 시험해 본다. 엄마와 아빠, 의사와 환자, 군인과 로봇, 원이나 학교의 선생님과 학생 등 실생활과 비디오에서 본 인물들에 대한 연기를 통해 내적으로는 스스로 기초적인 사회인지발달을 성장시킨다. 원이나 학교에서 또래 친구와 같은 관객이 있을 때 이러한 놀이와 함께 그동안 아이들이 가정에서 보여주는 행동과 교정할 필요성이 있는 습관화된 행동패턴 그리고 원이나 학교의 학급에서 문제시되거나 좋은 행동 등 두 가지 양극화된 행동을 상상이나 동화의 이야기 장면을 빌려서 연기하는 시간은 유아들이 자신의 행동을 인지할 수 있는 경험을 만들어 준다. 몇 가지 등장인물에 대한 역할은 이야기 또는 수업 중간에 실시할 수 있다. 가영이에게 재미있는 이야기 시간이 일반적인 재미로 종결되지 않고 또래와 관계하는 장이 되고 나쁘고 싫은 아이라는 또래에 대한 생각을 친근한 이미지로 바꿀 수 있는 좋은 기회일 수 있다.

가영이가 가정에서는 혼자 잘 놀다가도 여러 명의 또래 친구들이 있는 원이나 학교에서 위축되는 행동을 보이는 것은 또래 친구들이 두렵기 때문이다. 처음 느껴 보는 또래 친구의 손의 감각, 목소리, 움직이는 행동패턴, 눈 접촉과 눈빛, 큰 박수 소리나 음악소리, 어느 땐 교사 등 심리적이고 물리적인 조그마한 변화도 유아들에게는 새로운 도전의 장이 될 수 있다. 원이나 학교에서 수업 중간에 행동으로 표현하는 다양한 역할 연기들은 유아 자신의 모습이어야 한다. 유아 자신이 이야기의 주인공이 되어 두려움을 자연스럽게 만났을 때 타인인, 또래 친구들을 신뢰하고 받아들일 수 있을 뿐만 아니라 자신을 주장하고 상황에 따른 문제해결력도 기를 수 있다. 유아 자신이 또래 친구들이 두려운 이유를 알려 주는 데는 반드시 언어적인 표현만 중요한 것은 아니다. 이 훈련을 통해 유아들은 언어로 표현되는 것은 많지 않아도 이들이 경험하는 것은 그 이상일 것이다.

3) 감정을 꺼내 주는 공감능력을 발달시키는 대화

자녀를 둔 대부분의 부모들은 부모 자신을 개방하는 영역에 대해서는 대단히 소홀한 편이다. 부모는 유아의 입장에서 보면 타인이다. 부모는 유아에게 가장 신뢰롭고 친근한 타인이면서도 유아에게는 부모가 전능한 마음이며 유아 자신도 자신을 전능한 존재로 생각한다. 유아는 자신의 행동 하나만으로도 먹고 입는 것뿐만 아니라 심리적인 영역에서도 부모의 마음을 움직일 수 있다. 부모는 자신과 결합된 하나이며 동시에 분리된 대상이기 때문이다. 이러한 무의식적인 생각들은 유아들이 언어가 발달하면서 자신이 전능한 존재가 아니며 부족한 부분이 많다는 것을 알게 된다. 이젠 의식적인 수단인 언어를 통해 유아 자신의 내면을 창조해야 되기 때문이다. 즉 부모와 유아인 자녀는 서로가 감정과 생각의 언어를 제대로 활용하는 방법을 알아야 된다는 의미이다.

특히 부모의 공감능력은 유아의 의식적인 자아를 강하게 하여 본능과 충동을 다루고 유아 자신 이외의 환경, 다시 말하면 또래를 포함한 주변사람과 활동 그리고 자연이나 사물과 관계하는 기초를 놓을 수 있다. 부모의 공감능력이란 부모가 성인으로서 부모 자신의 개인적인 세계를 침범당하지 않는 범위 내에서 유아인 자녀의 감정과 만나 그대로 자녀의 마음을 비추고, 자녀의 마음이 되면서 이를 언어 또는 비언어로 표현하는 능력이다. 부모는 자녀에게 언어로 말하기 전에 자녀의 감정상태가 어떠한지 행동을 통해 읽어 내야 한다. 부모가 생각하는 자녀의 감정이 아니라 유아 자신이 가지고 있는 감정을 잘 알아차려 이를 언어로 표현하는 것이다. 부모는 자녀의 감정에 적극적으로 경청하는 입장이 된다.

유아인 자녀와 이를 활용할 수 있는 공간은 자녀와 함께 움직이는 활동(예를 들면 집 안에서는 장난감 놀이, 야외 활동에서는 생태체험이나 소풍 등)을 통해 때론 상상의 놀이를 할때 또는 흙이나 나무, 식물, 계곡에 흐르는 물, 물고기 등 자연과 만날(눈으로 보든 손으로 만지든) 때이다. 상상의 놀이는 부모가 여러 가지 다양한 인물의 입장이 되어 자녀의 감정을 읽어 내며(예를 들면 ○○(자녀의 이름)는 피아노 장난감이 아름다운 소리를 내니까 기분이 좋은가 보다 / ○○가 엄마가 되어 아기(장난감)에게 우유를 주고 있는 것을 보니 아기가 입으로 웃고 있네, 나도(부모) ○○가 아기에게 우유를 주는 것을 보니까 ○○가 더 좋아 / 손으로 흐르는 물을 만지니까 ○○의 입이 웃고 있네 등) 이러한 공감적인 대화는 자녀의 정서발달과 함께 부모뿐만 아니라 주변 환경과의 관계의 폭을 넓혀 갈 수 있는 기회를 마련해 준다. 위의 사례에서 가영이가 가정에서는 잘 놀지만 가정에서는 다른 행동을 보여주고 있는 것은 가정에서는 주변에 부모를 비롯한 다른 사람들이 있지만 관계하지 않고 가영이 혼자 몰입하여 노는 빈도가 높았기 때문이다. 가영이에게는 언어의 상대가 필요한 경우이다. 부모는 자녀의 언어에 질서를 잡아 주는 통로가 되기 때문이다. 공감적인 부모는 자녀가 어떤 문제행동을 보일 때 적극적으로 관계하는 것이 아니라 일상의 삶 안에서 함께 감정을 언어로 공유하는 것이다. 혼자서 몰입하여 잘 노는 자녀들은 주변에 새로운 사람이 개입될 때 상당한 도전 또는 경쟁으로 받아들이기 때문에 신경질적이며 화를 잘 내고 때론 위축되기나 말을 잘 하지 않는다. 물론 유아인 자녀들은 혼자 노는 것과 함께 노는 것, 두 가지를 잘 해야 한다.

4) 고등인지발달을 촉진시키는 개방적 질문을 통한 이미지 학습

자녀들이 주변 환경과 관계하는 능력은 어떤 체험이 반드시 필요한 것은 아니다. 아울러 모든 것을 경험한다고 또한 유익한 것도 아니다. 가족 간의 활동이나 관계 안에서 부모가 자녀에게 던지는 의문사는 상당히 제한되어 있다. 자녀에게 무엇을 알려 주어야 한다는 불안한 생각들이 더 많기 때문이다. 무엇을 많이 알아야 제대로 잘 상황에 대처할 수 있다고 생각한다. 왜 신경질을 부리는지, 왜 또래 친구들이 두려운지, 왜 혼자 있으면 좋은지, 친구들과 함께하는 활동은 왜 불편한지에 대해 탐색하는 의문사를 던지기에 앞서 무엇을 가르쳐 주기 때문이다. 이런 일은 늘 반복된 소리로 되풀이하게 되고 부모와 자녀의 관계를 힘들게 한다. 무엇을 가르쳐 주기에 앞서 자녀들의 마음에 생각하는 뿌리를 심어 주어야 한다. 부모가 자녀들에게 생각하게 하는 연습은 의문사(예를 들면 어떻게, 무엇 등)를 바로 던지기보다는 자녀가 처해 있는 그 상황에 대한 간단한 요약과 함께 시작된다. 가영이처럼 원과 가정에서 서로 다른 관계패턴을 보이는 경우 원의 교사는 "가영이가 집에서는 동생하고 잘 놀고 원이나 학교에 가면 친구들하고 잘 이야기하지 않는데(전체적인 상황 요약), 원이나 학교에 가면 가영이가 싫어하는 것, 불편한 것이 무엇인지 나에게 알려 줄 수 있겠니?" 등과 같은 표현으로 가영이가 무엇이 투명하게 싫은지 물어볼 수 있다. 이런 언어표현패턴을 부모도 할 수 있어야 된다. 가정에서 부모가 왜 그래, 무슨 일이야라고 직접적인 질문에 대한 충격을 완화하면서 그 상황에 대한 가영이 자신의 행동을 지각할 수 있는 이미지로 이끌 수 있을 뿐만 아니라 부모에게 바로 이야기는 하지 못한다 하더라도 좀더 상위에 속하는 고등인지를 발달시킬 수 있다. 생각하는 내적인 힘은 울타리 안에 있는 자녀 자신을 울타리 밖에도 시각을 돌릴 수 있게 하는 빛나는 보석이다. 생각하는 보석은 그 보석이 빛이 날 때 더 찬란히 아름답다.

9. 양극성 정서 다루기와 생각의 힘 창조하기

엄마와 아빠가 자녀의 행동을 다루는 데 있어서 많이 사용하는 것은 지적하기이다. 지적하기는 대부분 자녀의 잘못된 행동에(예를 들면 주의산만과 충동적으로 행동하는 것, 말 듣지 않고 반항하는 것, 짜증을

비롯한 화를 잘 내는 것, 자기만 아는 것, 원하는 것을 얻을 때까지 우는 것 등 나쁜 자기개념과 주변의 다른 사람과 관계하는 데 어려움이 있는 행동들) 이름을 붙여 자녀도 자신이 그런 사람이라는 나쁜 인상을 갖게 한다. 아울러 너무 좋은 것만 말해 주고 추켜세우거나 칭찬만 한다면 엄마와 아빠는 자녀들이 버릇없는 아이, 자기만 생각하는 아이가 되지 않을까 염려하기도 한다. 부모들은 자녀를 생각하는 입장에서 말하는 것이지만 자녀의 입장에서 반복된 지적하기는 자녀 스스로 자신을 나쁜 아이라고 생각하게 만든다. 나쁜 이지미를 가슴에 안고 살아가는 자녀들은 우울하거나 산만하고 집중력이 떨어져 분노감이 자리 잡은 충동성으로 이를 회복하고자 노력한다. 대부분 부모에게 거세게 반항하면서 누구의 말도 흡수할 수 없는 상태가 되어 버릴 때 부모는 전문가의 도움을 청하게 된다. 이런저런 방법을 모두 사용하다가 소진된 상태일 때 자녀를 상대하기가 얼마나 어려운 일인지 절감하는 시간이다. 부모가 된다는 것은 이처럼 자녀와의 관계를 얼마나 잘 하느냐면서도 우선은 자녀를 통해 나타난 부모 자신의 모습을 먼저 알아차리고 바라볼 때이다. 여러분의 자녀를 보면 여러분의 마음에 무엇이 먼저 떠오르는가? 그것을 다루고 있는 동안 여러분의 자녀는 아마도 마음의 평화를 찾을지도 모른다. 부모가 자신의 약한 부분을 먼저 만나고 있는 과정은 고귀하다. 아마도 그것은 치료적인 힘일 것이다.

생각하는 힘, 생각하는 과정을 알아차릴 수 있는 능력, 이러한 생각을 자녀들이 부모와 또래 친구 또는 어린이집이나 학교 상황과의 관계 안에서 표현하며 동시에 타인의 생각을 잘 알아차려 제대로 거두어들이고 소화해 내는 기술, 전제적인 것들을 요약하고 핵심에 진입하면서 어느 땐 판단과 결정능력을, 어느 땐 유예 기간을 두어 생각하는 여지를 둘 수 있는 능력 등은 어디에서 나타나는 것일까? 생각하는 힘들을 촉진시키기 위해서는 자녀들이 가지고 있는 두 가지 서로 양극화된 정서를 알아차리는 것이 중요하다. 양극화된 정서는 좋은 감정(예를 들면, 기쁨, 감사, 만족감과 행복감, 성취감, 사랑 등)과 나쁜 감정(예를 들면 우울, 두려움이 수반된 불안, 분노 등 감정의 삼 형제를 비롯하여 불쾌감을 주는 정서들)으로 이루어져 있다. 여기에서 좋은 감정은 좌반구에, 나쁜 감정은 우반구에서 처리하게 된다. 우리는 우반구가 대부분 감정과 관계되고 좌반구는 생각을 담당하는 것으로 알고 있지만 좌반구는 생각과 좋은 감정을 다루고 우반구는 나쁜 감정을 얼마나 잘 견디고 다루느냐에 따라 두뇌가 발달한다는 사실을 간과하곤 한다. 양극적인 두 가지 감정을 느끼며 이를 발견하고 알아차리는 활동은 생각하는 힘을 창조할 수 있다는 의미이다. 자녀들에게 지적하기를 잘 하면 자녀는 우반구의 나쁜 감정 속에 올가미처럼 갇혀 있어서 우반구의 발달뿐만 아니라 좌반구의 능력들을 촉진시킬 수 없게 된다. 이러한 자녀들은 좋은 일이 있어도 어떤 일을 잘해도 자신이 얼마나 고귀하고 가치 있는 존재인지 깨닫는 데 아주 많은 시간이 요구되기도 하며, 어떤 자녀들은 성인이 된 후에도 좋은 감정을 귀하게 다룰 수 있는 능력을 상실하기도 한다. 생각하는 힘이 잘 발달된 자녀들은 좋은 감정과 나쁜 감정을 느끼고 다룰 수 있는 힘을 경험한 빈도가 높으며, 학습에 어려움을 보이는 자녀들은 대부분 우반구의 나쁜 감정에 너무 많은 경험이 포진해 있기 때문이기도 하다. 우리는 나쁜 감정을 다루는 데 너무 미숙하다. 사실 나쁜 감정을 잘 다루면 그 에너지는 우리를 돕는 치료의 근원이며 새로운 감정을 느끼게 하는 시기임에도 불쾌하기 때문에 이방인으로 생각하곤 한다. 나쁜 감정을 대담하게 친구로 받아들여 그것은 내 자신의 한 부분임을 인식하자.

우울과 불안 그리고 분노와 같은 나쁜 감정을 견디고 다루는 힘, 좋은 감정을 유지할 수 있는 힘은 생각을 창조한다. 생각하는 힘을 창조하기 위해서 자녀들의 얼굴과 행동 그리고 일상적인 동작에 집중해 보면 여러분은 자녀들의 감정의 움직임을 발견할 수 있을 것이다. 좋은 감정이든 나쁜 감정이든 그것을 정확히 읽어 내면 자녀들의 가슴이 움직인다. 나쁜 감정을 많이 경험하여 자녀들이 가슴의 호흡을 거칠고 불쾌하게 하기보다는 자녀들의 가슴과 같은 내면을 움직이게 하는 부모야말로 진정한 치료자이다. 나쁜 감정을 잘 다루고 좋은 감정을 귀하게 생각하는 자녀가 학습을 비롯한 생각하는 힘이 요구되는 일들과 사건에 지혜로울 수 있다는 의미이다.

10. 자위행동 다루기 - '몸' 사랑하기

정호(가명, 5세, 남아)는 부모가 밤에 사랑하는 모습을 본 후 원이나 학교에 있는 친구와 화장실에서 서로의 성기를 만지고 수업시간 중이나 발표할 때, 교사가 질문할 때에는 가만히 있다가도 손으로 성기를 만지는 비율이 높으며 평상시 친구들과 놀이에서 수줍어하고 우울한 표정을 보이기도 하다가도, 간식이나 식사시간 자기 주변에 친구들이 많이 몰려 있거나 큰 소리를 지르면서 떠들면 발끈하거나 친구를 때리기도 한다.

가정에서 정호는 이불 위나 침대 위에서 또는 긴 베개 위에 엎드려서 위 아래로 몸을 흔들거나 목욕할 때 물장난을 하면서 자위를 하고 평소에 말을 잘하던 아이가 언어표현이 없어지고 집에서는 아빠하고도 블록 쌓기 놀이를 하곤 했는데 아빠한테 스킨십이나 함께 만들자고 청하지 않으며, 친구들과 놀이터에서 함께 놀았는데 요사이는 혼자 놀기를 바라는 등 갑자기 정서와 행동에 변화를 보이는 정호에 대해 가정과 원과 학교에서 어떻게 지도해야 할지 난감하기만 하다.

동양문화권은 서양문화와는 다르게 학교에 들어가기 전까지 또는 학교에 들어간 후에라도 부모와 한방에서 함께 자는(cosleeping) 비율이 높다. 모유를 주는 민족일수록, 정서적으로 자녀와의 신체접촉을 통해 애정과 신뢰를 주는 민족일수록 이러한 빈도는 높아진다. 자녀와 함께 자는 부모는 서양의 부모들과는 더 제약된 형태로 자녀들을 생각하면서 밤의 사랑을 계획하고 조심스럽게 자녀가 깨어나지 않기를 기대하고 그들의 사랑을 표현한다.

자녀들이 부모들의 낮 또는 대부분 밤의 사랑을 본 후 아빠가 엄마를 아프게 한다고 말하거나 이유 없이 우울과 불안과 같은 정서와 충동적인 행동상의 변화를 보이기도 한다. 아이들에 따라서 어떤 아이들은 이러한 경험 후에 정서와 행동상의 변화를 보일 수 있으며 어떤 아이들은 1년이 지난 후에 자위행위의 비율이 낮아질 수 있다. 아마도 대부분의 부모들은 1주 전이나 1달 전에 자녀들이 본 부모들의 사랑행위 때문이라고 말하지만 자녀들이 부모들의 사랑을 본 것은 이보다 훨씬 전일 수 있는 가능성이 많다. 자녀들은 표현하지는 않았지만 자신을 태어나게 한 부모들의 사랑을 일종의 충동적인 경험(갑자기 하나의 정서가 가장 강하게 경험되는 것)으로 받아들이면서 불안해진 자신의 정서를 성기를 통해 그러한 충동을 다루어 보고자 하는 소망을 가지게 된다. 부모의 밤의 사랑을 보지 않은 아이들도 신체가 성장하면서 성기가 조금씩 커질 때 빈도는 높지 않지만 자위를 하곤 한다. 어떤 경우이든 문제는 자위행위의 빈도가 높아지고 이로 인해 정서와 행동상의 변화를 보이는 경우이다.

1) 감각 확산시키기와 언어표현

손으로 자신을 성기를 자주 만지는 가정의 아이에게 대부분의 부모들은 아이들의 관심을 다른 데로 이동시켜 성기 만지는 빈도를 줄이는 데 시간을 소모하게 된다. 자녀들은 부모와 교사의 시각이 자신으로부터 벗어나 있을 때 손은 성기에 가 있고 때론 손으로 문지르거나 화장실에서는 모두 벗고 하는 경우도 있으며 교실이나 원에서는 구석진 자리에서 친구와 서로 자위를 해 주기도 한다. 여기서 자위의 상대가 되는 친구는 이성 또는 동성일 수 있다.

감각을 확산시키는 기법은 자녀들이 성기 이외의 다른 감각을 함께 느끼게 하는 것으로 아이가 성기를 만지면 성기 이외에 부모가 아이의 손과 손가락, 손등을 살짝 만지면서 허벅지, 다리와 발, 가슴과 배, 등과 척추, 양쪽 팔과 손 그리고 어깨와 머리 등을 자연스럽게 만져 주는 것이다. 손이 성기에만 가는 행동을 모든 감각으로 확산시켜 온몸에 대한 전체 감각을 느끼게 한다. 성기에 손이 자주 가는 행동 또는 손의 움직임을 다른 장난감이나 놀이로 이동시킬 경우 아이는 가정에서 성기를 만진 감각경험을 그대로 유지한다. 물론 청소년 이상의 성인들이 느끼는 쾌감이라기보다는 불쾌하지만 다소 야릇한 감정을 준다. 다른 감각의 영역보다 좀더 직접적인 감정을 전달받을 수 있는 곳이기 때문에 손으로 만지는 빈도가 높고 여러 감각기관보다 느끼는 정도가 좋을 수록 성기에 다가가는 빈도는 빈번해진다. 특히 자녀들의 자위행위는 가정에서 부모와 자녀들이 일상생활에서 스킨십의 경험이 없거나 부모 또는 자녀가 이를 부끄러워하는 경우에는 다른 아이들보다 성기에 대한 집착이 강하다. 부모 자신의 내적인 경계심은 자녀들의 자위행동과 관련해서 부모와 관계하기보다는 성기에 대한 접촉경험 후에는 혼자 자신의 성기와 관계 습관을 지속시킬 수 있다.

가정에서 부모들이 자위행위를 자주하는 자녀들에게 감각을 확산시키는 방법을 사용하면서 잊지 않아야 될 것은 이에 상응하는 언어표현이다. 여러 감각기관을 만져 주기만 한다고 성기에 손이 자주 가는 행동 또는 자위행위가 금방 멈춰지는 것이 아니기 때문이다. 아이들의 손과 손가락 그리고 손등과 부드럽게 접촉하면서 "○○의 손이 이곳을 만지면 기분이 좋은가 보다, (허벅지와 다리 등을 만지면서) 허벅지와 다리도 ○○의 손이 만져 주길 바라고 있어요……, (가슴과 배를 만지면서) 가슴과 배도 만지면 기분이 좋아요……, (어깨와 팔 등을 만지면서) 어깨와 팔도 ○○의 손이 만져 주길 바라고 기분도 좋단다" 등과 같은 표현이다. 성기 이외의 몸 전체의 감각을 직접적으로 느끼면서 손이 성기로 가는 빈도를 줄인다. 아이들이 성기를 만지지 못하도록 하는 것이 아니라 아이들의 행동 자체를 여러 감각기관으로 확산시키면서 손이 성기로 가는 행동을 줄이고 몸 전체에 이완과 충만감을 느끼게 하는 것이다. 아이들이 자위행위를 통해 경험한 느낌들은 여러 감각기관을 만지면서 그 감각기관 속에 숨어 있는 정서들을 일깨운다. 몸속에 숨어 있는 정서를 읽어 주는 것은 교육적이며 동시에 치료적이기 때문이다. 몸은 생각과 정서가 귀하게 자리잡은 현재이다.

2) 생명교육 — 우리는 부모의 자아가
확장된 사랑 안에서 태어났어요

우리가 어떻게 세상에 태어났는지 의문을 던지는 것은 무의식적인 질문이다. 어느 연령의 시기이건 가능하다는 의미이다. 아이들에게 전문적으로 성교육을 시키는 기관은 소수이지만 몇 가지 인형들과 모양을 통해 우리 자신 그리고 아이들이 어떻게 태어났는지 교육한다. 사실 지엽적인 성교육이라기보다는 보다 큰 의미의 생명교육이라는 말이 더 타당하다. 아이들은 이러한 교육을 통해 자신의 성 기관을 비롯해서 서로 상대의 성에 대해 포괄적인 형태로 알아 가면서 동시에 자아의 기능을 확장하는 경험을 하게 된다. 우리는 부모의 사랑, 즉 엄마와 아빠의 자아의 기능이 확장된 상태에서 태어났기 때문이다. 생명교육은 성에 대한 정보를 제공하는 활동이면서도 동시에 아이들 스스로 전체적인 몸을 귀하게 느끼는 시간이 되기도 한다. 자존감은 몸에 대한 귀한 인식부터 만들어지게 된다. 이러한 생명교육에는 가정의 주도로 부모가 함께 참여하는 계획도 구상할 필요성이 있다. 아이들과 함께 생명교육에 시간을 따로 떼어내어 가 보는 부모들은 극소수이기 때문이다. 어쩌면 소풍 가는 날에 부모들이 참여하는 것보다 더 중요하다. 원이나 학교에서 소풍 가는 날 생명교육 프로그램도 함께 기획하는 것이 어떨까?

3) 동화이야기에 삽입된 '나, ○○(아이 이름)'이야기

아이들이 가장 재미있는 시간(예를 들면 주위와 집중력이 가장 많이 발산되는 시간)은 어떤 시간일까? 여러 가지 다양한 맛을 내는 아이스크림처럼 몸과 기억 속에 녹아내릴 수 있는 시간은 부모가 여러 가지 소리와 삽화, 그림 또는 움직이는 인형(인형극)을 보여주면서 진행하는 동화이야기일 것이다. 물론 말만 하거나 그림만 보여주면 아이들은 주의가 분산되어 금방 산만해진다. 이러한 동화이야기 안에 엄마 아빠의 가벼운 포옹 안에서 주인공이 나타나는 것과 자녀들의 아이들의 이름을 부르면서 우리 자신도 엄마와 아빠의 가벼운 포옹 안에서 태어났다는 것을 알려 준다. 물론 동화이야기는 이것이 중심목적은 아니지만 엄마와 아빠의 잠자리를 본 후 또는 혼자 또는 또래 친구와 자위행위를 하면서 이후에 보이는 아이들의 정서와 행동상의 변화를 알려 주는 데 도움이 되기도 한다. 동화이야기가 전개되면서 우울하고 불안한 느낌, 혼자 놀았을 때의 기분, 처음 가정에 들어올 때 위축되거나 당황스러워하는 것, 식사시간에 옆에 있는 친구에게 발끈 화를 내는 것 등을 동화의 주인공이 사실적으로 표현할 수 있도록 동화이야기 안에 삽입한다. 아이들은 동화이야기의 주인공을 통해 자기를 바라본다. 물론 동화이야기의 결론에 이렇게 아이들이 동화의 주인공과 자신을 바라보면서 느껴진 전체적인 감정상태를 인지화하는 것이 중요하다. 예를 들면 이제는 가정 또는 원에 들어와도 당황스럽고 부끄럽지 않다는 것, 혼자 노는 것과 친구들과 함께 노는 것, 옆에 있는 친구들과 함께 간식인 아이스크림을 먹는 것이 즐겁다는 것, 환하게 웃는 것이 더 보기 좋다는 것, 두렵지 않다는 것 그리고 이러한 ○○(아이들의 이름을 하나씩 말함)가 괜찮다는 것(Self-talk 기법) 등과 함께 동화이야기의 교훈을 이야기해 주는 것이다. 동화이야기가 말 그대로 동화가 되지 않고 '나'를 알게 하는 도구로 활용되는 것이다.

엄마와 아빠는 감각 확산시키기와 언어표현을 하면서 아이들과 대화할 때 또는 함께 놀이를 할 때 몸 전체에 대한 부분접촉이나 스킨십하는 것(예를 들면 함께 인형놀이나 블록 쌓기 놀이를 할 때 서로 말하면서 자녀의 척추 부분이나 손등을 쓰다듬는 것, 간단한 신체기관을 알려 줄 때 서로의 신체 부분을 만져 주는 것 등)에 익숙해질 필요가 있다. 스킨십이나 포옹을 많이 한다고 신뢰감이나 애착형성 이외에 위의 사례에서 제시된 자위행위에 대한 빈도가 줄어드는 것은 아니다. 그 느낌이 사라지지 않도록 언어로 전달해야 한다. 느낌을 담아 두는 그릇은 제대로 표현된 언어이기 때문이다. 여기에서 언어표현의 힘이란 정서를 다루는 인지의 힘을 말한다. 그래서 말을 많이 하는 부모나 자녀보다는 제때에 잘 말하는 것이 중요하다.

부모의 밤의 사랑을 본 자녀들에게 어떻게 설명해야 할까? 자녀에게 이를 직접적으로 설명하려는 마음을 가진 부모들은 난감해할 것이다. 특히 정서와 행동상의 어려움을 보이는 자녀일 경우 엄마와 아빠는 마음에 부담되기 때문이며 자녀가 어떻게 받아들일지 두렵기 때문이기도 하다. 이러한 두려움에 가장 지혜로운 방법은 책읽기와 집 모양의 장난감, 손가락 크기의 작은 인형(엄마와 아빠인형 그리고 자녀를 상징할 수 있는 인형 3가지는 기본적으로 구성함)을 가지고 진행할 수 있다. 물론 자녀들이 집에서 평소 가지고 놀던 장난감을(자녀들에게 관심 있는 엄마와 아빠들은 그 시기에 가지고 놀고 싶어 하는 기본적인 장난감은 비치해 둘 것임) 변형해서 사용할 수 있다(예를 들면 집 모양의 장난감은 블록으로도 만들 수 있다).

동화이야기에는 엄마와 아빠가 생각하기에 가정생활에서 자녀가 보여주는 언어와 정서 표현과 행동을 함께 첨가하고 이후 3−4번 정도 간헐적으로 반복해 주는 것이 좋다. 이러한 방법들은 자녀들이 엄마와 아빠의 사랑을 본 경험을 부드럽게 다룰 수 있게 하고, 조금은 충격적이어서 자녀들 스스로 소화하지 못하는 부분들을 자위행위로 나타내는 빈도를 줄이며, 동시에 다시 엄마와 아빠와의 관계를 회복하는 길이 될 수 있다. 여기에서 회복이란 부드럽게 조금은 완화된 형태로 과거를 읽어 주는 데 있으며 엄마와 아빠가 과거를 따로 떼어서 현재인 자녀에게 이야기할 시간을 갖는 것이다. 물론 엄마와 아빠가 밤에 사랑을 한 경험만을 집중적으로 다루어서는 안 되며 자녀들의 언어와 정서 표현 그리고 행동이 전체적으로 어우러지는 이야기로 꾸며져야 함을 잊지 않아야 한다. 참고적으로 자녀들이 보여주는 정서와 행동상의 변화는 엄마와 아빠의 밤의 사랑 자체라기보다는 그 사랑 속에서 흐르는 소리들에 더 민감해 있고 이러한 소리들에 격한 감정을 경험할 수 있다. 자녀들이 잘 자다가도 잠에서 깰 때는 이때이다. 무엇을 동화이야기에 삽입할 것인지 망설여진다면 노트나 빈 종이에 무엇을 이야기할 것인지 간단히 적어 보는 것도 도움이 될 것이다.

두렵거나 당황스러울 때 어떻게 하지, 누구에게 도움을 청하지 생각한다면 더 두렵고 당황스럽다. 물론 도움을 청하는 것도 필요하다. 내면에서 들려오는 그 두렵고 당황스러운 것을 먼저 자세히 읽어 주면 조금은 진정된 상태로 자녀에게 다가갈 수 있다.

11. 공상 속에 갇혀 버린 자녀들

　태겸(초등학교 3학년)이는 부모가 모두 맞벌이 부부이다. 부모는 모두 저녁 퇴근 후에 들어오기 때문에 태겸이가 방과후에는 이런저런 학원에 다니다가 저녁에 퇴근하는 부모를 맞이한다. 태겸이는 초등학교에 들어갈 때부터 다른 친구들보다는 혼자 노는 것이 익숙하고 대부분 동물이나 인형, 자동차, 블록 등을 가지고 놀면서 이 장난감들과 이야기하는 행동을 주기적으로 보였다. 혼자 질문하고 대답하며 마치 살아 있는 친구처럼 장난감을 대한다. 학교에서도 수업시간에 멍하니 딴 곳을 쳐다보기도 하고 선생님이 이름을 부르면 깜짝 놀라곤 하며 친구가 함께 놀자고 자기의 몸을 건드리면 발끈하면서 화를 낸다. 자신이 원하는 장난감을 부모가 사 주지 않으면 사 줄 때까지 칭얼거린다. 어느 땐 방에 기어 다니는 벌레를 보고 경기를 일으킬 정도로 무서워한다. 부모는 태겸이가 학습능력도 떨어져 여러 가지 방법을 써 보지만 학습에는 흥미를 보이지 않는다. 다음에 소개되는 기법은 자녀의 마음속에 그려진 공상과 대화하기이다.

　부모와 많은 시간을 떨어져 혼자 지내는 아이들은 대부분 보육의 임무가 다른 사람들의 손에 의존한다. 초등학교 전이나 학교입학 후에, 아울러 청소년 초기에도 1차적으로는 부모와 긴밀히 의존하면서 친구나 다른 사람들과의 관계를 형성한다. 학습과 관련된 영역들이 타인들에게 내맡겨질 때 가장 중요한 것은 부모가 자녀와의 심리적인 친밀감이나 유대감이 더 강화될 필요가 있다는 의미이다. 사실 이러한 힘들은 자녀의 마음을 제대로 읽을 때 가능하다. 여러분들은 부모로서 자녀들의 마음을 어떻게 읽는가? 자녀들은 지금 어떤 감정이 강하고 어떤 감정이 약하며 어떤 생각에 몰입되어 있는지 기본적인 것은 체크하고 있는가? 비록 부모가 함께 있든 아니면 따로 떨어져 있든 부모가 직장일로 바쁜 시간을 보내고 있든 부모들이 자녀들의 마음속에 깊이 그리고 부드럽게 침입하는 능력들은 약해 있다. 함께 있어도 서로 혼자 있는 것이란 의미이다.

혼자서 공상 속에 몰입해 있는 자녀들이 가장 즐거운 때는 자신이 관계하는 장난감 또는 혼자만이 마음속에 그리는 이미지들이다. 자녀들이 혼자 놀 때 잘 관찰해 보면 이 이미지의 정체를 알 수 있으며 그 이미지는 친구, 아빠, 엄마, 아저씨, 동물, 자동차 등 여러 가지의 대상이 등장하며 자녀들은 이 이미지에 생명을 불어넣어 말을 하고 활동하며 느끼고 생각한다. 부모가 자녀들의 마음에 그리는 공상의 이미지를 알고 이들의 역할을 하면 자녀들은 부모와 유대감이 친밀해지고 자녀들은 공상 속의 이미지에서 현재의 삶을 사는 통로를 열어 줄 수 있다. 부모가 부모의 입장이 아니라 자녀의 공상 이미지에 등장하는 인물이 되어 말하고 질문하며 느끼고 생각한 것을 자녀에게 전달해 주는 과정이다. 이것이 혼자 있기 좋아하는 자녀와 관계하는 대화의 중간지대인 것이다. 이렇게 제대로 된 통로가 생각하는 힘, 즉 인지의 발달을 약속할 수 있고 부모를 매개로 하여 현재로 돌아온 자녀는 자신의 생각과 감정을 부모와 형제 그리고 다른 사람들에게 자신을 내보일 수 있는 능력을 발달시킨다. 그러나 공상 그 자체는 현재의 삶을 떠나게 하므로 자녀들은 공상 이외의 이미지들 외에는 별 관심을 보이지 않게 되고 더 혼자 있는 시간을 갖게 된다. 성숙한 자녀는 혼자 있는 것과 타인과 함께 있는 것, 두 가지를 할 수 있어야 한다. 부모와 자녀의 공상 이미지와 말하는 대화의 중간지대에서 부모는 자녀의 공상이미지를 통해 자녀의 마음을 읽고 자녀에게 필요한 교육을 첨가시킬 수 있다. 자녀가 상상하는 공상이미지의 의인화된 인물을 통해서 부모는 자녀와 하나가 되고 동시에 서로 분리된 인격체로 대화하기 시작하면 자녀는 자신을 더 깊이 알게 되며 자신의 약점을 받아들여 현재의 삶으로 돌아와 타인이 하는 말과 관계할 수 있다.

12. 공상언어로 현재언어 창조하기

  부모들은 자녀들이 보는 영상세계와 책에 대해 무지하다. 부모들이 쉽게 아는 동화도 사실은 이야깃거리가 다양하다. 착하고 부모 말 잘 듣고, 행복하게 사는 것만 결론짓는다면 이것이야말로 독서는 제대로 하지 못했다고 볼 수 있다. 부모들은 정보화세계에 살고 있는 자녀들이

보는 만화영화나 게임 그리고 책에 대해 관심을 가져야 하며 이를 통해 자녀들과 이야기할 수 있는 힘들이 있어야 한다. 자녀들은 부모 자신의 세계가 아니기 때문이다. 자녀들이 본 것을 가정에서 흉내 내거나 맞장구치면서 이야기를 들을 수 있고 때론 이에 대해 질문할 수 있다. 아직은 여러 가지 다양한 공상의 세계들이 표현될 수 있지만 부모가 맞장구치면서 이야기하는 과정은 자녀들이 현재의 삶을 더 잘 다룰 수 있는 능력을 갖게 한다. 공상의 이야기가 자녀들 자신의 이상과 꿈, 친구관계에서 소중한 것, 살아가면서 또는 공부할 때 어려운 점들을 어떻게 극복하는지에 대한 방법들, 어른들을 대하는 태도 등에 대한 의미들과 이것을 자신의 삶과 연관시켜 폭넓게 생각이 발달된다. 크고 넓게 생각하는 힘이란 다양한 독서량이 아니라 한 가지의 책이라도 자신과 자신의 주변세계와 연결되어 이야기할 수 있을 때 가능해진다. 무엇을 많이 알았느냐보다는 무엇을 경험했느냐가 중요하다는 의미이다.

산 넘고 물 건너 왕자와 공주와 괴물이 살고, 정의의 검으로 선이 악을 이기며, 여러 가지 고통을 이겨 내는 빛나는 삶을 살아가는 이야기부터 푸른 바다와 산, 꽃과 나무 등 상상과 경험을 그릴 수 있는 이야기나 영상들 속에 부모가 자녀에게 이미지로 경험하게 하는 이런 이야기가 처음에는 환상이요 공상적이지만 나중에는 현재의 자신의 언어로 바뀌어 과거와 같은 역사와 신화 속에 묶여 있는 곳에 자녀들 스스로가 생명을 불어넣을 수 있는 경험으로 초대해야 된다는 것이다. 자녀들이 이런 이야기를 하면 부모들은 아무런 반응도 하지 않거나 그 이야기에서 무엇을 얻었는지 결과만 물어보며, 어느 땐 생뚱맞다고 까칠하게 반응하는 등 자녀들의 이야기 세계로 진입하지 못한다. 대부분 부모들은 자녀들이 엉뚱하다고 보는 것이다. 바로 자녀들의 그 엉뚱함 속에 창조력이란 지혜가 숨어 있다는 것을 부모들이 안다면 한순간의 이야기에도 관심을 보일 것이다. 엉뚱함, 탁하지만 진흙 같은 혼돈 속의 이야기에서 연꽃 같은 빛나는 창조력이 그 안에서 발산되고 있음을 알아야 한다.

13. 형제(자매)들 간의 싸움은 분리해서 갈등을 다룬다

두 명 이상의 자녀를 둔 부모들은 자녀들 간의 싸움으로 인해 편할 날이 없다. 사실 자녀들은 부모가 보는 시각보다는 다른 차원으로 서로를 바라본다. 부모는 출생순위에 따라 형이며 언니이고 누나이고 동생이고 등등이 정해지지만, 자녀들 간에는 이러한 경계가 사라져 있다. 물론 성장하면서 누가 형이고 언니이고 누나이며 동생인지 구별된다. 함께 같은 공간 안에서 자녀들은 서로를 각자의 개별적인 인간이며 때론 경쟁하면서 스스로의 자기를 형성해 간다. 부모가 형은 형으로서, 언니는 언니로서, 누나로서 그리고 동생으로서 가져야 할 태도나 행동에 대해서 교육하지만 자녀들이 서열순위를 있는 그대로 받아들이는 경우는 없다. 자녀들은 자신들을 개별적인 한 인간으로 받아들여지기를 기대한다. 자녀들 간의 싸움이나 경쟁이 어떤 가정 안에서도 자연스럽고 보편적으로 일어나는 이유는 바로 여기에 있는 것이다. 그래서 자녀들 간에 부모가 서로 비교하거나 형인데, 누나인데, 언니인데, 동생인데 등으로 이름을 붙여서 싸움이나 경쟁을 제지할 때는 상당한 무리가 따른다. 자녀들 간에도 출생순위 이전에 서로 간의 인간관계를 다루어 주는 것이 이들에게는 더 바람직한 성장을 이룰 수 있다. 그래서 부모가 자녀들 간에 서로 싸움이 일어날 때는 서로가 보는 앞에서 처벌하기보다는 다른 방이나 분리된 공간으로 가서 이야기하는 것이 더 좋으며, 잘못한 것 한 가지만을 매도해서 자녀에게 내리치기보다는 잘한 것과 잘못한 것, 있을 수 있는 일과 바람직하지 않은 것, 비열한 것, 선한 의지를 가지고 있었지만 행동은 그것이 아니었다는 것 등 상황과 생각과 의도에 따라 구별해서 처벌해야 자녀들이 부모의 언어와 마음을 받아들이기 쉬워진다. 무조건 잘못했다거나 잘했다거나 등 양극적인 이야기나 처벌은 받아들이는 상대에게 좋은 치유력을 주지 못한다. 자녀들은 부모에게 자신들을 '하나의 인격을 가진 생명체'로 초대해 주길 기대한다는 의미이다.

14. 베갯머리 교육과 대화의 식탁
—자녀의 정서와 지능을 사로잡는 부모—

한국에는 밥상머리 교육이, 이스라엘 유대인들에게는 베갯머리 교육이 민족적인 특징이기도 하다. 유대인의 어머니는 자녀들에게 정서를, 아버지는 자녀들에게 지능을 탄생시키는 역할을 한다. 이들의 토론과 대화문화는 식탁에서와 잠잘 때 보면 알 수 있다. 식탁중앙엔 언제나 구약성서와 탈무드가 놓여 있으며 이들의 정신이 역사를 통해서도 지난 역사가 아니라 현재를 살아 숨 쉬는 정신이며 세대 차이 없이 한결같다. 한 예로 식탁에서 아버지가 무언가를 질문하며 자녀는 성서와 탈무드를 찾아 그에 대답하고 또 질문한다. 아버지와 자녀는 다양한 이야기를 하지만 아울러 다양한 관점이 펼쳐진다. 물론 육백여 가지의 율법은 기본적으로 철저히 지켜야 한다. 어머니는 섬세한 정서를 주관한다. 세심하게 자녀들의 흐르는 정서를 알아내고 이를 표현해 주며 지지하고 고통을 함께한다. 일상생활에서뿐만 아니라 자녀들과 이야기할 때는 잠잘 때 베갯머리에서이다. 학교에서 있었던 일, 친구관계, 학습 등 주제는 일정하진 않지만 자유롭게 어머니와 자녀는 이야기를 주고받는다. 고통스럽거나 슬픈 이야기, 기쁘고 유쾌한 일 등의 이야기에 어머니는 마음의 친구로서 자녀의 마음에 용기와 힘을 준다. 지켜야 할 절기들을 지키면서 부모와 자녀는 하나의 공통된 정신을 흡수하고 학살과 박해로 여러 나라에 흩어져 있지만 기도할 시간이 되면 이들은 세계에서 서로 하나가 되는 민족이기도 하다. 아마도 이러한 교육이 작지만 강한 나라로, 독특하지만 자기민족 이외의 민족들을 이방이라 말하면서도 세상에 기여하는 민족이기도 하다. 이들은 현재의 삶에서, 식탁과 베갯머리교육에서 자녀들에게 먼저 자신을 사랑하고 자신을 사랑하는 것처럼 이웃과 국가, 민족, 인류 그리고 신을 사랑하는 정신을 배운다.

우리는 자녀들이 잘못하는 것에 너무 많이 관심이 있다. 지나치게 외적인 능력만 바라보기 때문에 다른 아이와 비교하여 부족하거나 떨어지는 능력들을 보면 참지 못한다. 이 능력을 채워 줄 학원이나 선생님을 알아보기도 한다. 때론 자신의 자녀들이 공부 잘하지 못하거나 지능이 떨어지는 아이가 있으면 자녀들과 갈라놓으려고 한다. 자녀들이 친구들과 싸우고 들어오면 먼저 화를 내는 민족이기도 하다. 이런 문제에 왜 그런가에 대한 대답을 어느 정도 할 수 있는가? 밥을 먹을 때 아마도 누구든지 불쾌한 단어들이 오가는 것은 싫어할 것이다. 대가족 제도에서 핵가족으로 자녀가 중심이 된 지금 우리는 밥상머리가 교육의 한 장이 되고 있다. 유대인처럼 식탁의 대화라기보다는 충고와 조언이 많으며 부모와 자녀 간의 대화란 사실 존재하지 않는다. 물론 그렇지 않은 가족도 있긴 하지만 대부분이 그렇다는 것이다. 심리적으로도 식탁에서의 일방적인 말이나 불쾌한 조언이나 충고는 어떤 좋은 말이든 상대의 마음에 깊이 자리잡지는 않는다. 기분이 불쾌한 곳에 어떤 말이 자리잡을 수 있는 곳은 없기 때문이다. 아울러 정신적으로 건강한 가족은 일상적인 이야기가 서로 오고 간다. 부모 자신뿐만 아니라 자녀들의 일상사가 서로 오간다는 의미이다. 부모의 일상사가 빠지고 자녀들의 일들이 부각되면 부모는 자녀들의 일에 관심을 가지면서도 한마디로 좋은 결론을 쉽게 내어 버리는 것이다. 생각하는 자녀라기보다는 부모가 내린 결론에 따라 움직이는 자녀가 된다는 것이다. 유대인의 식탁과 베갯머리는 자녀들이 자신을 느끼고 생각하는 자리이다. 우리가 이들을 통해 배울 수 있는 것은 일상적인 대화가, 식탁과 잠잘 때의 대화가 일상의 삶에서 살아 움직이고 그 삶을 서로 이야기하는 것이다. 학교이든 어린이집이든 놀이터에서 친구들과의 놀이에서든 일상의 삶에서 자녀들이 느끼고 생각하는 것이 주제가 되고 이야기가 된다면 자녀는 부모가 가장 자신을 알고 이해하며 힘을 주는 상대가 됨을 깨닫게 된다. 자녀는 자신이 생각하고 느끼는 말, 부모가 이러한 말들 속에서 질문하는 것을 통해 자신을 제대로 알아 갈 수 있으면 이는 지혜의 시작이기도 하다. 그래서 부모는 자녀들의 진솔한 마음의 치유자가 되면서 자녀들의 깊은 내면을 알 수 있어서 자녀들의 지능과 정서를 사로잡게 된다. 자녀들의 능력인 지능과 정서가 잘 발달하여 스스로 창조할 수 있는 힘은 바로 여기에 있다. 부모의 정신은 자녀들의 마음의 중심에 자리잡고 대대로 이를 살아 움직이는 정신이 된다. 얼마나 중요한 순간이고 가치 있는 일인가? 자녀들의 마음을 읽기 전에 먼저 그들의 마음을 잘 보일 수 있는 조건, 즉 부모의 내적인 환경이 필요한 것이다.

15. 한 가지 관점을 여러 차원에서
볼 수 있는 내면의 힘 기르기
ㅡ 서로의 마음알기 ㅡ

앞서 말한 양극적인 정서를 다루면 생각하는 힘이 만들어질 준비를 한다. 이번 장에서는 자녀들이 생각하는 힘을 만드는 방법에 관한 것이다. 생각을 표현하기에 앞서 생각이 있어야 말을 할 수 있다는 의미이다. 생각하는 힘을 만드는 것은 생각을 표현하는 기술이 더 세련된다는 것을 알 수 있게 된다. 생각하는 힘이 있다면 이를 표현하기란 더 쉽기 때문이다. 생각하는 힘은 지식과 지혜를 발달시키는 반석이다.

자녀들에게 있어서 세상은 질문의 대상이 된다. 그들이 부모에게 던지는 질문은 '왜'라는 말로 시작된다. 그전에는 부모를 부르고 요구하는 것을 말하며 싫은지 좋은지 구별하는 표현들이다. 분명한 답이 있는 것들이다. '왜'라는 질문은 자녀들이 모르는 것을 부모에게 물어보는 것도 있지만 생각을 확장시키는 기회가 되기도 한다. 그래서 자녀가 무엇을 물어볼 때는 부모가 대답해 주는 것도 중요하지만 자녀도 부모가 하는 질문을 생각할 수 있어야 된다는 의미이다. 사실 부모나 학교 또는 어린이집이나 유치원 등에서 아이들을 상대하는 교사들도 자녀 또는 아이들의 질문에 대답을 빨리 하려고 한다. 금방 답을 주고 싶은 것이다. 질문은 대화의 시작이며 지식의 문이고 상대를 알기 위한 상징적인 신호이다. '왜'라는 질문에 대한 대화를 추적해 보면 대부분 '무엇'과 '어떻게'라는 질문으로 이어지며 부모도 자녀에게 질문을 던지고 대답한다. 부모와 자녀가 서로 묻고 대답하는 가운데 대화는 자연스럽게 서로를 개방하는 문으로 접어들게 한다. 부모가 처음부터 자녀들이 질문하는 것에 답을 해 버리면 그다음의 대화는 종결된다. 부모는 자녀의 질문에 대답하는 자이고 자녀는 모르는 것을 물어보는 입장만 지속될 뿐이다. 부모도 자녀에 대해 궁금하지 않을까? 왜 그런 것을 물어보는지 무엇을 알고 싶어 하는지 어떤 영역에 구체적인 관심을 보이는지 등 부모도 자녀에 대해 알고 싶은 것이 있을 것이다. 부모와 자녀의 대화에서는 부모와 자녀이기 이전에 마음의 친구이다. 마음의 친구는 세상을 살면서 다가오는 불안감을 치유하고 비밀을 나눌 수 있는 또래 이전의 근원적인 친구를 말한다. 자녀는 자신의 삶에서 몇 명의 의미 있는 또래와 만나기 전에 먼저 부모와 깊은 내면을 경험한다. 이러한 대화와 경험들은 한 가지 사실을 여러 가지 각도에서 관찰할 수 있는 생각을 만들어 낸다. 부모가 의도적으로 확인하는 독서량보다 많은 것을 읽지 않아도 이러한 자녀들은 부모가 생각하는 것보다 더 많은 것을 생각하고 읽으며 알기 위한 모험에 참여하게 될 것이다. 나는 부모이고 너는 자녀라는 수직적인 관계만을 설정해 놓는다면 부모가 원하는 것, 자녀가 원하는 것만 하기 때문에 또래들로부터 지지만을 원하거나 외톨이가 되고 이리저리 친구관계가 산만하다. 수직적인 관계는 말 그대로 일방적인 관계로 하나의 관계만 있을 뿐이다. 더 이상 그 관계를 확산시킬 수 있는 조미료는 없다. 부모도 자녀와 같이 부모이기 이전에 서로 사람임을 잊지 말자. 사람을 나타내는 한자의 '인(人)' 자는 서로를 향해 기대고 있음을 우리는 쉽게 잊어버린다. 그것은 부모와 자녀관계도 예외일 수 없는 지혜이다. 그래서 자녀가 성장할수록 부모도 자신의 삶에서 일어나는 일들을 자녀에게 고백하기도 한다. 부모의 마음을 자녀가 알게 된다면 자녀가 어떻게 된다는 두려움에서 자유로워진다면 말이다. 지식과 지혜의 첫 장은 부모와 자녀가 '서로에 대한 마음알기'이다. 마음알기는 마음을 읽기 전의 상태이다. 생각을 다양한 각도로 확산시키는 열쇠이기도 하다. 그러면 자녀는 어떤 사실이나 문제 또는 경험들을 몇 가지 차원에서 나누어 생각하고 이를 서로 연결시킨다. 생각을 잘하는 아이들은 이렇게 서로 다른 경험들을 분리시켜 하나로 통합하는 능력을 가지고 있는 이들이다. 이러한 경험이 없는 자녀들은 말 그대로 어떤 주제나 이야기의 결론만 알 뿐이다. 이렇게 시작해서 그렇게 끝났다는, 이것은 이것, 저것은 저것이라는 식의 방정식만 남아 있게 된다. 한 가지 결론만 기억하기 때문이다. 질문을 던지면 이러한 결론은 더 확대된다. 마치 우연한 일들이 나타날 때 이러한 주제나 이야기의 결론은 더 많은 각도에서 생각하고 배울 수 있다는 의미이다. 부모와 자녀가 서로의 마음을 알 때 가능하다.

16. 현재를 살아가는 마음 친구

— 눈으로 자신을 보는 힘 —

현재란 어느 때일까? 심리학에서 현재란 지금-여기를 말한다. 지금 여기에서 느껴지는 감각을 통해 이미지처럼 영상으로 나타나는 것, 생각하는 시점이 현재이다. 그래서 현재는 자신의 '몸'이다. 몸은 현재에 있지만 느끼지 못하고 마음이 과거에 머물러 있는 사람들은 우울과 분노가 강하고 미래의 일들에 너무 많은 관심을 보이는 사람들은 두려움이 많아 불안한 감정이 많다. 과거는 지나갔고 미래는 오지 않았으므로 현재를 살라는 말보다는 현재 안에서 우리는 과거도 살고 미래를 살면서 하나의 마음으로 그동안 자신에게서 묶인 올가미들을 하나하나 풀어헤치고 고귀한 자유 속에 현재를 살아가는 것이다. 현재를 잘 살기 위해서는 먼저 나를 오감으로 느끼며 이런 나를 눈으로 바라보는 연습이 필요하다. 하루 동안 그 순간에 느껴지는 숨소리, 호흡, 움직이는 팔과 다리, 시각(눈)에 대한 느낌 그리고 이 눈으로 보는 것들과의 접촉경험, 말할 때 내 입의 진동과 움직임 그리고 그 소리들 등은 현재의 나를 가장 잘 확인할 수 있는 대표적인 모습들이다. 때론 몸에 붙어 있는 좋은 그리고 나쁜 감정의 느낌들도 이러한 몸의 움직임 안에서 느끼고 이를 견디면서 다룬다면 더없이 귀한 에너지로 나와 나 이외의 주변 환경을 도울 수 있다. 주변 환경은 나 이외의 것들로 부모의 입장에서는 자녀가, 자녀의 입장에서는 부모가 가장 가까운 환경일 수 있다. 이 환경은 사람과 일 그리고 자연 등 물질(보고 접촉할 수 있는 것)과 비물질적(사람과 일과 자연 등에서 보이지는 않지만 이들의 내부에서 움직이는 내적인 에너지들)인 것으로 이루어져 있다.

그때그때 순간순간 부모의 몸과 마음에 느껴지고 떠오르는 것, 생각하는 것, 물어보고 싶은 것 등을 자녀에게 전달하면 자녀도 순간의 현재를 충만히 살아간다. 부모와 자녀는 현재를 살아가기 때문이다. 현재를 살면서 눈으로 자신의 내부(몸의 움직임과 감정)와 외부(외적으로 표현되는 행동들)를 관찰하는 힘을 발달시킨다면 부모가 생각하는 자녀의 언어표현이나 행동들도 교정하기 쉬우며 자녀가 이러한 방법을 습득하면 자녀도 눈으로 자신의 내부와 외부를 느끼고 알게 된다. 한 가지 간단한 예로 밖에서 놀다가 집 안으로 들어오는 자녀가 신발을 아무렇게나 벗어 던지고 들어올 때 부모는 자녀들에게 신발을 가지런히 놓으라고 한다. 혹 이런 행동을 자녀가 보일 때 눈으로 자신을 바라보도록 유도하는 방법은 "○○야 눈으로 네 발을 보렴. 신발이 멀리가 있네. 엄마처럼 한번 놓아볼래?"라는 표현이다. 자녀는 자신의 신발을 보기 전에 먼저 발의 움직임을 볼 수 있어서 다음부터는 밖에서 집 안으로 들어와 신발을 벗어 놓을 때 발의 움직임을 다룰 수 있는 힘을 얻게 된다. 결국에는 자연스럽게 신발을 가지런히 놓는다. 말할 때도 손으로 글씨를 쓸 때 눈이 말하는 입과 손에 대한 자각부터 시작하면 자녀는 입과 손의 움직임을 다루면서 조금씩 언어표현과 쓰기 활동이 촉진되고 자신의 생각을 입과 손에 불어넣어 인지의 힘을 강하게 할 수 있게 된다.

17. 몇 가지 행동 중 한 가지만 관여하기
─자녀들의 모든 행동에 달라붙어 있는 부모의 집착 떼어내기─

　뇌와 신체발달이 하루가 다르게 급등하는 유아와 아동기의 자녀들은 가만히 앉아 있지를 못한다. 겉으로 볼 때는 산만하고 일만 저지르며 호기심도 많으며 한곳에 앉아 있기보다는 이런저런 사물에 관심이 많아 몸의 활동이 기민하고 빠르다. 이것은 몸 자체가 화산처럼 뜨겁게 활동하고 성장하고 있다는 상징적인 표현이어서 흥분성을 내포하고 있으며, 사실 이때 자녀들이 경험하는 것은 부모가 생각하는 것보다 더 많다. 그동안 자녀에게 보이지 않았던 힘과 능력들이 고개를 들어 세상을 향해 침입하려는 마음자세를 갖게 한다. 칭찬을 구체적이고 투명하며 솔직하게 하면서도 벌을 줄 때는 약간 몸과 마음이 아플 정도면 족하다.

　심한 감정이 배어 있는 처벌이나 언어는 이때 자녀들에게 깊은 상처를 주어 활동성만 많아지는 과잉행동을 보이거나 좌절과 두려움이 많아 변화하는 세상에 위축되어 대담한 모험을 하려는 마음이 줄어든다. 안전에 대한 두려움으로 부모들은 아이들의 모든 행동에 관심을 갖게 되는데 나중에는 이러한 행동들이 강박적으로 변하여 자녀들의 모든 행동에 집착하게 된다. 자녀에게 예기될 수 있는 미래의 불행 때문에 자녀의 행동에 신뢰감이 없는 것이다. 이것은 방임과는 다른 맥락이다.

　자녀의 행동에 관심을 갖되 몇 가지 중 한 가지만을 집중적으로 관심, 즉 솔직하고 자세한 칭찬과 약간 아플 정도의 벌 등을 통해 자녀에게 부모의 마음을 전달하는 것은 사실 부모가 관심을 두지 않은 행동에 자녀가 다른 행동도 관찰할 수 있는 여지를 두는 것이다. 부모는 자녀에게 관심을 갖는 것이지만 자녀의 입장에서는 부모가 표면적으로 보이는 행동이 감시자로 생각되며 그 이면에는 부모의 불안감이 자녀를 힘들게 하기 때문이다.

어린 자녀도 부모처럼 이미 태어날 때부터 성숙한 감정의 사람이라는 것을 잊지 말아야 한다. 언어와 생각하는 힘이 부모만큼 넓지는 못할지라도 감정은 이미 부모만큼이나 성인수준에 도착되어 있기 때문이다. 금방 답을 주려는 것이 얼마나 어리석은 일인가? 부모가 자녀의 흥분이 가라앉기를 기다리는 마음에서 나머지 다른 행동은 기다려야 한다.

사실 한 가지의 행동 안에는 자녀의 행동이 의미하는 것이 모두 포함되어 있기도 하다. 자녀의 행동 이면에 보이는 핵심을 잘 관찰하면 자녀의 마음에 감동을 줄 수 있어서 행동을 평화스럽게 도울 수 있다. 여러 가지 마음은 단 한 가지의 표상이기도 하다. 그래서 여러 가지 마음 중에 단 한 가지를 제대로 알면 그 여러 가지를 하나로 묶을 수 있고 그것은 하나의 길처럼 열리게 된다. 자녀들의 다양한 모습에 부모가 이리저리 이끌리면 자녀도 불안하고 어느 땐 부모를 자신의 입맛에 맞게 활용하기도 한다. 자녀 자신의 마음을 잘 알 때까지 말이다.

상담소에 문을 두드리는 부모들은 자신이 해 볼 모든 것을 한 후에 찾아온다. 부모 자신의 방법이지 자녀를 알고 한 행동은 사실 하나도 없다. 그래서 상담에는 부모상담이나 부모심리교육이 아동상담과 병행해서 이루어진다. 부모상담을 통해 부모가 자녀에 대해서 좀더 투명하게 알 때 부모 자신의 방법을 바꾸거나 버리고 좀더 부드럽게 단련시킬 수 있는 경험을 갖게 된다. 사실 부모와 자녀 간의 대화만 중요한 것은 아니다. 가족은 정서를 경험하는 첫 번째 학교이다. 대화에 앞서서 부모는 자신의 정서와 정직하게 만나고 이런 만남에 대한 훈련이 거듭될 때 이성적으로 대화할 수 있다. 물론 이성에는 감성을 수반한다. 대화법을 아무리 많이 훈련받아도 부모 자신의 내적인 개혁, 내적인 환경이 쇄신되어야 한다는 의미이다. 부모인 여러분은 여러분 자신을 위해서 그리고 자녀를 위해서 더 크게는 가족 그리고 국가, 인류를 위해, 종교가 있는 사람들은 그 종교의 대상을 위해 이러한 작업이 필수적이다. 가정은 신이 만든 인류의 작은 공동체이기 때문이다.

18. 정직하게 '나'를 부드럽게 바라보는 능력
— '나'를 고귀하게 대면하자 —

부모인 '나'를 사랑하는 마음은 자녀도 자녀 자신인 '나'를 사랑하게 만든다. '나'를 사랑하는 것과 이기적인 것을 구별하는 기준은 '나'를 사랑한 것처럼 이 마음을 타인이나 세상을 향해 내던질 수 있는 힘이 있느냐이다. '나'를 사랑하는 사람은 사람과 일 그리고 자연을 상징하는 자신 이외의 환경도 동일하게 받아들이며 이러한 환경과 어울려 살아가는 사람들이다.

'나'는 늘 자신이 보기에 채워지지 않는 빈 항아리와 같이 보인다. 무엇을 부어도 부어도 만족하지 못하는 '나'의 상징적인 이미지이다. 아직 참다운 '나'의 이미지가 만들어지지 않았기 때문이다. '참나'의 모습은 정직함에 있으며 치료적인 힘도 그곳으로부터 흘러나온다. 부모가 스스로 자신의 한계나 부족함과 함께 더없이 아름다운 마음에 정직하다면 부모 자신도 현재의 자신을 사랑하고 이러한 '나'를 귀하게 여기며 자녀도 부모와 같은 마음의 작용에 민감하게 된다. 무엇을 자녀에게 말하기에 앞서서 스스로에게 정직해지는 과정은 부모 스스로 자신을 치료하며 자녀에게는 부드러운 외적인 환경을 이루어 낸다.

'나'에 대한 정직함은 심리학에서는 '솔직함'으로 표현된다. '나' 자신에 대해서 솔직해지는 연습만으로도 '나'는 내적인 평화를 차지하게 된다. 무엇을 어떻게 하려는 순간은 이후가 될 수 있어도 먼저는 되지 못한다. 내적인 힘이 있을 때 외적인 것도 함께 다루면서 무엇을 어떻게 할 수 있는지 방법을 알게 된다는 의미이다. 그 방법은 실제적인 결과로도 나타날 수 있고, 얻어질 수 없는 것들 때문에 고통스러울 수 있지만 이를 견디고 배우는 경험은 남다를 것이다. 나에게 '귀할 수 있는 경험'은 새로운 힘이기도 하다. '나'를 귀하게 생각하는 사람은 타인도 이와 함께 귀하게 대한다. '나'의 영역을 받아들이지 못한다면 타인이나 주변의 어떤 물질의 변화에도 당황한다.

"나"에 대한 영역은 새로운 도전과 모험의 장이기도 하다. 안쪽과 바깥쪽의 존재와 변화에 때론 침묵하고 고요한 "나"와 기민하게 움직이는 "나"의 이미지와 "나의 몸"은 현재를 힘차게 잡고 있는 "존재"이다. "나"는 여기 또는 저기에 있는 것이 아니라 현재에 깨어있는 존재이다. "나"의 환경과 좋고 나쁜 이미지마저 살아 있는 "지금"을 나에게 초대하여 바라보자. 다양한 얼굴을 가진 인격들 이면에 "나"의 새로운 정체들이 보일 것이다.

19. 분노감의 출현에 두려워하지 말자

부모의 말을 잘 듣던 아이가 신체가 발달하면서 고집이나 짜증을 부리고 부모 말도 잘 듣지 않을 때가 있다. 신체가 발달할 때에도 이러한 행동패턴이 나타나기도 하며, 상담치료 시에도 위축된 행동이 더

적극적으로 자신이 주도하는 생활로 바뀔 때 그동안 잠자고 있던 욕구들이 표현되는데 어느 땐 동생을 잘 대해 주었던 경우라도 고집이나 짜증 또는 자신만 관심받으려는 사회성이 부족한 행동을 보일 때가 있다. 부모가 생각하는 좋은 행동과 함께 나쁜 행동이 번갈아 가며 나타나는데 이때 가장 많이 출현하는 것이 분노감이다.

어느 땐 자녀가 부모로부터 언어적 또는 신체적인 체벌이 많아 자신도 부모처럼 동생이나 친구들에게 부모와 유사한 모방행동을 보이거나 수동적인 분노감으로 안 돼, 싫어, 잘 몰라요 등의 언어표현도 보일 수 있다. 변덕스러운 기분도 이에 해당된다. 어느 땐 분노감에 물건을 던

지거나 때리거나, 바닥에 주저앉아 원하는 것을 줄 때까지 울 때도 있다. 이럴 때 손 또는 양팔을 꽉 잡고 먼저 자녀가 원하는 것을 말하고(예를 들면, 나는 ○○를 원해 큰소리로 말함, 여기에서 "나는"은 자녀 자신임) 동정하는 것(예를 들면, 어떻게 하니. 어떻게 하니…)뿐만 아니라, "난 네가 이렇게 우는 것 싫어해, 나도 기분이 나빠지네" 하고 말해 준다. 사실 이런 언어표현은 단 한 번으로 끝나는 것은 아니며 분노 촉발행동 이후 처음에 보인 이러한 행동을 간헐적으로 생각날 때마다 다루어 준다. 아울러 상담치료 중에 분노감이 행동으로 표현될 때는 자신감이 함께 수반되기도 한다. 처음에는 학습행동에도 위축감을 보인 자녀가 학습에 흥미를 보이고, 떨리고 긴장된 또는 잘 말하지 않던 언어표현도 많아지면서 세련되게 말할 수 있는 언어습득의 기회가 되기도 한다. 부모들은 대부분 치료 중이 아니더라도 이럴 때 당황하면서도 화가 나며 뭔가 잘못되고 있다고 생각하여 '버릇잡기'를 실시한다. 자녀들은 누군가 자신을 지배하거나 자유롭지 못한 상황이 되면 잠시 위축되었다가 거세게 저항한다. 자녀들의 힘이 세지고 키가 커지면서 부모의 말이나 다른 사람의 말을 듣지 않게 된다.

분노감이 많은 부모들은 통상적으로 말하는 '욱' 하는 성격이 대부분이다. 부모가 자녀에게 주는 가장 귀한 선물은 자녀가 스스로 자신을 귀하게 생각하는 힘을 가지게 하는 것이다. 좋은 부모모델이 필요하다는 의미와 같은 맥락이다. 부모가 자신의 과거 정서와 생각으로 자녀를 대하면 어느 땐 좋아지고 어느 땐 나빠지는 현상으로 양극화된다. 남들한테는 상냥하면서도 자녀에게는 가혹하다는 것은 양극화의 시발점이다. 분노감이 많은 '욱' 하는 성격은 참고 참았다가 한 번 강렬하게 화산처럼 폭발하는 정서적 인간형의 한 특징이기도 하며 한국 부모들이 대부분 가지고 있는 특징이기도 하다. 그 화산의 용암을 견디어 낼 만한 사람은 거의 없으며 가슴에 그 흔적이 남고, 그 흔적은 자녀의 행동과 말의 의미 속에 포함되어 나타난다. 이러한 자녀는 부모가 무서우면서도 부모를 사랑하는 애틋함이 번갈아 가며 나타날 때 눈물이라는 액체를 눈에서 뿜어내게 된다. 자녀의 눈물은 그런 의미를 담고 있다. 자녀가 보여준 것은 아울러 부모 자신의 모습이다. 자녀는 자녀 자신의 모습과 동시에 부모 자신의 모습을 반사시키고 있다. 눈물 흘리는 자녀를 보고 화낼 때 그것은 부모가 자신의 약한 모습에서 그동안 수많은 시간 동안 거부해 왔던 것이다. 자신의 약한 모습을 대담하게 받아들일 때 동시에 그 순간에 '빛'의 평안이 찾아온다. 부모가 변하면 자녀도 변한다는 말이 이 의미이다. 부모가 분노가 많으면 자녀는 세상과 사람에 대해 분노와 함께 두려움을 갖게 된다.

20. 고집 피우는 아이 '인지형' 아이 만들기

고집 피우는 아이의 가장 특징은 자기-주장이 지나치게 강하다. 이렇게 자기-주장이 지나치게 강한 아이들은 심리적인 시간상으로는 '과거'에 머물러 있는 경우가 대부분이다. 몸은 현재에, 생각이나 감정은 과거에 머물러 있는 양극적인 성향을 갖고 있다. 부모와 가족 그리고 또래 친구들과 상호작용이나 관계하는 능력 이전에 '나'의 것이 강하기 때문에 '너'를 또는 '그것'을 받아들일 수 있는 몸과 마음의 준비가 되어 있지 못하다. 고집이 센 아이는 부모와 또는 또래 친구들과 충돌이 잦아 관계를 악화시키는 주기를 반복한다. 이런 아이는 때론 소리 지르고 짜증이 심하고 분풀이도 하고 울지 말라고 타일러도 계속해서 우는 경우가 많다. 처음에는 부모도 타이르다가 감정적으로 대하기 쉬우며 그래서 처음에는 자녀를 위로해 주려고 하다가 부모의 감정이 자녀와의 관계를 악화시키고 이런 관계도 반복된 패턴을 보이기도 한다.

대화는 서로 간의 이야기이다. 서로의 대화를 잘 살펴보면 처음에는 간단한 질문과 대답들이 있지만 나중에는 서로의 삶과 생각 그리고 감정들이 이야기를 통해서 표현되고 있음을 알 수 있다. 대화의 첫 단계에 머무르고 있는 사람들은 질문만 하거나 대답만 하며 더 이상의 이야기를 진전시키지 않는다. 기분 좋을 때 아니면 추억을 더듬어서 자신의 마음을 털어놓을 때 어떠한지 본다면 대화가 이야기로 흘러가고 있음을 알게 될 것이다.

고집이 센 아이들은 이야기를 잘 하지 않는다. 못하는 거라기보다는 원하는 것, 하고 싶은 것이 있고 또는 이루어지지 않았던 일들에 몰입해 있기 때문이다. 혼자 있기 좋아하는 아이들은 컴퓨터나 기타 게임에 몰입하기 쉽다. 이들이 원하고 이루어지지 않은 일들을 포함하여 이야기를 시작하면 의외로 아이들은 이야기를 잘한다. 비디오 등 일반 게임에 지나친 몰입을 보이는 자녀들에게 게임 중에 부모가 이야기를 중간 중간 시작한다면 자녀들이 게임에 몰입하는 것을 차단할 수 있으며, 게임을 비롯한 다른 일들에도 에너지를 분산시킬 수 있다. 고집이 센 아이가 부드러워지면 얼마나 많은 이야기가 나오는지 여러분은 놀랄 것이다. 그래서 고집이란 특성은 제거하는 것이 아니라 부드러운 쪽으로 이동시키도록 도와주어야 하는데 그것이 이야기를 만들어 가는 것이다. 이야기를 잘하지 못하는 부모들도 자녀와 같이 대화를 잘 하지 않는다. 부부의 대화패턴을 보면 자녀들이 이야기하는 수준을 알 수 있다. 부모도 이야기를 잘해야 자녀도 대화를 이끌 수 있다. 자녀가 원하는 것이 마음 안쪽에 있고, 겉으로는 고집피운다면, 마음 안쪽에 집중하여 원하는 것을 이야기 하게 하자. 나중에 원하는 것을 들어 줄 수도 있고, 그렇지 않을 수도 있지만 자녀는 원하는 것을 이야기를 통해 여러각도로 보게 될 것이다.

인지형 아이의 주된 특징은 자신의 감정을 다루면서 현재의 상황 또는 사건 안에서 생각할 수 있는 힘을 가진 아이를 말한다. 앞서 언급한 양극성의 정서를 잘 다루어 나갈 때 자녀들은 현재에 자신이 처한 상황이나 사건 등을 보면서 동시에 자신의 안쪽도 보는 두 가지 서로 다른 또는 동일한 세계를 제대로 볼 수 있게 된다.

21. 자녀들은 부모의 모든 것을 학습한다

　"세살 버릇 여든까지 간다"는 우리의 속담에서 유아기뿐만 아니라 아동기에 자녀들이 부모 마음의 안쪽과 바깥쪽, 예를 들면 부모의 감정의 흐름이나 생각하는 방식, 행동하는 특징들을 얼마나 무의식적으로 무비판적으로 받아들이고 있는지 부모들이 안다면 놀랄 것이다. 겉의 행동뿐만 아니라 안쪽의 감정과 생각들까지도 자녀들은 부모의 마음을 마치 자신의 것처럼 받아들인다는 것은 이제 하루 이틀의 이야기가 아니다. 부모는 자녀의 마음을 반영하고 자녀는 부모의 마음을 반영한다. 그래서 부모와 자녀는 '서로의 마음을 비추어 주는 존재들'이다. 자녀들의 얼굴을 보라. 어느 쪽은 아빠를, 어느 쪽은 엄마를 닮은 외적인 특징을 보인다. 하물며 외적인 특징도 이럴진대 내적인 특징들이야 어떠하겠는가.

부모는 자녀들이 아빠 또는 엄마와 닮은 행동을 보면 신기하기도 하고, 즐겁기도 하며 때론 당황스럽기까지 하다. 좋은 그리고 유쾌한 행동을 닮으면 부모도 좋은 감정을 가지겠지만 나쁜 또는 싫은 행동을 보면 '누구 닮아 그렇다'는 꼬리표를 달게 된다. 바로 이러한 것들이 부모의 안쪽 마음을 닮아 가는 과정이다.

부모는 자녀를 통해 자기-수양의 과정을 가져야 된다. 그동안 내면에서 보지 못했던 여러 가지 다양한 무지개 같은 색깔의 마음들을 자녀를 통해 자신의 내면을 접촉할 수 있을 때 자녀들은 부모의 마음밭 안에서 자유롭게 자신의 가능성을 성취할 수 있게 된다. 자녀들이 어떤 잘못된 행동이나 만족스럽지 못한 학업 또는 관계를 맺는 데 어려움이 있는 등의 곤란을 보이면 부모는 안타깝게도 '~~누구누구 탓'이라 전이시킨다. 자녀에 대해 화를 내거나 짜증 내는 것은 바로 자녀가 아니라 부모 자신이라는 것을 순간적으로 받아들이고 이를 오랜 시간을 두면서 관찰해 보면 부모 자신의 진실한 모습이 내부로부터 떠오르게 된다. 자녀를 통해 알게 된 부모 자신의 숨겨진 마음의 정체를 알게 되는 과정 중에 부모뿐만 아니라 자녀도 내적인 평화를 경험할 수 있다.

부모는 양육자 이전에 교육자이며 자녀들의 첫번째 스승이다. 교육자의 가장 중요한 덕목은 '순간순간 자신과 접촉하여 자신을 아는 것'이다. 교육자는 먼저 스스로를 교육하며 지도하고 이끌어야 하는데, 교육자는 동시에 치료자이기 때문에 자신의 내면 속의 전체 자기를 대면할 수 있어야 한다. '빛'이라는 이미지를 만들어 그 안에서 자신의 좋고 나쁜 것, 모호한 것, 평화스러운 것, 아련한 것, 불확실한 것 등 다양한 생각과 감정의 자기를 보여주는 것, 그뿐이다. '있는 그대로의 자기'를 '빛'이라는 물질, '빛'이라는 이미지를 마음에 그리고 그 '빛의 우산' 안에서 여러 가지 무지개 빛깔의 자기 모습을 보는 것이다. '빛의 존재'이면서 때론 '어둠을 진 빛'도 보는 것이다. 부모가 이런 내적-수양의 과정을 가진다면 부모의 몸속에서 태어난 자녀들은 참다운 영혼, 지혜로운 영혼, 인간적이면서 사랑하고 자비하게 타인을 또 다른 자기로 경험하는 '빛의 존재'로 나아갈 수 있다. 이러한 내적인 자기-수행의 과정 없이 부모가 주는 나쁜 감정의 학습이 많아진다면 자녀들은 '어두운 감정, 즉 심연 속으로' 빠져 버릴 것이다. 자녀들은 자신들의 나쁜 행동을 부모에게 보여주면서 부모를 향해 복수를 외칠지도 모른다. 이제 부모도 자신의 내면에 잠자고 있는 가슴의 목소리에 눈과 귀를 열어 빛의 우산을 활짝 펼칠 때이다.

22. 좋은 느낌 경험하기

자녀들이 자연과 사람과 어떤 일 또는 과제완수를 통해 좋은 경험이 많아지는 것은 심리적으로 건강하게 만들며, 어려운 도전이나 힘든 일들이 다가올 때 견뎌 내는 힘을 제공한다. 가장 아픈 경험들이 가슴에 침입해 오는 나쁜 감동도 이를 잘 다루어 자신의 힘으로 바꿀 수 있다. 부모들은 그냥 자녀들이 어릴 때 함께 놀이를 하거나 원하는 무엇을 사 주거나 하는 것 등으로 만족할 수 있다. 그러나 자녀들은 부모들이 생각하는 것보다 더 많은 능력들을 스스로 가지고 있다. 부모들이 제한된 기능을 가지고 자녀들이 많은 것을 발달시킬 수 있으리란 기대는 버리는 것이 좋다.

자녀들은 자연과 사람과 어떤 일 등 세 가지 영역에서 만족스런 경험이 나쁜 경험보다 조금 더 많아야 한다. 부모가 자연의 변화에 민감하고 이를 충만히 경험할 수 있을 때 자녀들도 이와 같이 자연의 변화에 감각과 정서를 개방할 수 있다. 부모가 자연에 대한 느낌들을 어떻게 전달하느냐에 따라 자녀들도 자연의 변화에 경이로움을 가질 수 있다. 아울러 집 안의 분위기를 자연적으로 만들어 갈 수 있다. 일반적으로 가정을 방문해 보면 대부분 인공적인 가구와 책들 등으로 숨막힌다. 신체적·심리적으로 성장

하는 자녀들에게 자연적인 것들은 심리적 안정과 호흡에도 도움을 준다. 웰빙 식물뿐만 아니라 나뭇가지와 솔방울, 때론 천연색소로 만든 전통 옷이나 이런 옷감을 가지고 활용된 것, 자녀들의 장난감도 가정에서 먹을 수 있는 여러 가지 잡곡을 작은 병에 담아 소리와 느낌들을 개방할 수 있도록 하는 것, 꽃의 향기를 느껴 보는 것 등 생각해 보면 생활 안에서도 좋은 느낌을 주는 것들이 많이 있다. 단지 하나 이상의 다른 관심을 갖는 데 어려울 따름이다. 다양한 영역에서 감각의 발달은 자녀들의 또하나의 가능성이다. 어느 한쪽만 열려 있는 것보다는 다섯 가지 감각을 느끼고 이 느낌을 언어화하고 이를 생각으로 만들어 가는 데 그 의미가 있다. 단지 놀고, 느끼고 그리고 그만이라면 별다른 도움이 되지 않는다. 다양한 자극이 있고 풍요로워 이것저것 많이 하지만 결국 얻어지는 경험이 별로 없다는 의미이다.

사람과의 관계에서 사회성을 갖기 위해서는 '사회지능'이 요구된다. 지능은 선천적으로 타고난 것도 있지만 후천적으로 '훈련'이 필요하다. 언어적이고 분석적인 기능에 집중되어 온 지난 과거의 지능에 대한 연구에서 최근에는 대인간계 등과 관련 있는 지능도 중요한 이슈가 되고 있다. 지능은 뇌의 기능이 복잡하게 서로 얽혀 있는 것처럼 포괄적인

인간의 능력이며 복합적으로 서로 연결되어 있다. 사람과의 관계에서 사회적인 관계, 즉 정서적이며 언어적인 관계를 어떻게 다루느냐에 따라 관계의 질이 달라진다. 자녀는 자연과 사람과의 좋은 경험의 관계 안에서 도전적이고 창조적인 일들과 관계 맺는데 많은 가능성을 시험하게 될 것이다. 자연과 사람과 일의 관계는 서로 다른 영역으로 분리되지 않고 하나로 서로 연결되어 있다.

23. 책과 그림 그리고 꿈 이야기

가정에서 부모들이 자녀와 놀아 주는 것은 대부분 무의미하게 끝나는 경우가 많다. 부모 자신도 자신의 과거에서 특별히 놀이를 통해 얻는 것이 별로 없다는 것이다. 놀이는 일반 아이들에게는 성장의 기회를, 심리적인 어려움이 있는 자녀들에게는 치료의 경험을 가져다준다.

그림을 그리거나 책을 읽을 때 잘 그리고 잘 읽어서 다 끝난 것이 아니다. 이미지를 통한 그림을 그리면서 부모는 이것저것을 물어본다. 누가 무엇을 어떻게 왜 했는지에 대한 대답을 이끌어 내고 이 질문에 잘 대답하면 그림도 잘 그리고 책도 잘 읽었다고 보는 것이 부모들이 보는 관점이다. 이 방법은 대부분 내용을 얼마나 알고 있느냐의 관점이며 많은 것을 알아야 제대로 공부하는 줄로 착각하고 있기 때문이다. 많은 책을 읽어도 자녀들의 지적인 능력이 성장하지 않는 것은 많은 것을 보여주고 읽게 하였지만, 그것을 자녀들 스스로가 자신이 보고 읽은 것에 대한 전체적인 의미와 상징하는 것을 알아차리지 못했기 때문이다. 예를 들면 토끼와 거북이의 이야기에서 부지런한 거북이의 승리와 자신의 능력만 믿고 상대를 얕잡아 보는 토끼의 마음 안에서 실패하는 양극성의 입장보다는 거북이의 느림과 토끼의 빠름 안에서 좋은 것과 나쁜 것, 부지런할 때와 자신의 능력에 대해 자신감을 갖는 것 그리고 상대를 알고 있을 때와 모르고 있을 때의 행동, 빠르게 대처할 일과 느리게 해야 할 일, 부지런함과 느림의 고통, 빠를 때의 흥분성, 조용한 성격과 화급한 성격 등 하나의 이야기 안에서 부지런함과 빠름에 대해 그 이야기를 읽는 자녀의 생각들을 펼쳐 보일 수 있는 기회를 제공하는 것이다. 책이나 그림 또는 글자 등은 나를 비춰 보는 마음의 거울이어서 나를 찾아가는 단서를 제공해 주고 영상을 만드는 문이다.

자녀들이 보고하는 꿈의 이야기는 자녀 자신에 대해 상징적인 단서를 제공해 주기 때문에 대단히 중요한 내적인 자료들임에도 불구하고 부모들이 자녀들의 꿈 이야기에는 무감각하다. 자녀들과 무엇을 이야기하는지 부모 자신의 이야기를 분석해 보면 모두가 결론적이다. 이미 정의 내려진 진실 앞에서 자녀들이 자신을 이야기할 기회는 없다. 부모들은 자녀들의 내적인 이야기가 궁금하지 않을까? 자녀들의 꿈 이야기는 자녀들이 키가 크고, 개꿈이라는 말로 넘어가기보다는 자녀들의 꿈 이야기를 들어 보면 거기에는 기괴하고 무서운 괴물들과 때론 공주와 왕자 등 동화 속이나 나올 수 있는 이야기들이 있는데, 꿈의 이면에 자리잡고 있는 것은 대부분 자녀들의 공포나 이상 또는 흥미와 관심, 생활 속의 압력과 또래 관계이야기 등 다양한 내적인 자료를 보여준다. 꿈은 시중에 나와 있는 동화이야기이기보다도 자녀 자신에 대해 직접 이야기하고 있는 것이어서, 처음에는 황당하고 이상한 대화가 될지는 몰라도 자녀와 꿈에 대한 이야기가 진행되면서 처음의 꿈 이야기에서 자녀 자신의 이야기로 발전되고 있음을 알 수 있다. 마치 아동 심리치료나 상담에서 초기이야기는 꿈의 여러 가지 상상의 이야기이지만 그 내용의 의미를 탐색해 보면 자녀의 자신의 모습과 관련 있는 내용들이 표현된다. 상담이나 심리치료에서는 자녀가 가장 우울하고 두렵고 공격적인 성향들이 나오며 그 꿈의 내용은 치료가 진행되면서 밝고 찬란한 빛처럼 자신의 내적인 희망을 보여주기도 한다. 어떤 경우에는 꿈이 자녀의 미래나 어떤 직업 등과 같은 모습도 있어서 다양한 책을 보여주며 이를 내면화하는 것과 함께 꿈의 내용 안에서 자녀들의 진솔한 마음을 읽어 주어 자신에 대한 지식을 발전시키는 것도 이후의 지식습득에도 유리한 관점을 가질 수 있게 된다. 꿈의 이야기에서도 그림의 영역과 같이 꿈이나 그림에서 중요하게 부각되는 영역 그리고 희미하게 나타나는 영역을 자녀가 되어 봄으로써(예를 들면 여기 나무가 눈물을 흘리는 것 같은데, 네가 이 나무가 된다면 무엇 때문에 슬플까? 또는 이 나무가 되어 볼까? 등), 자녀가 가지고 있는 이미지를 활성화시킬 수 있다. 처음에는 자녀가 나무를 그렸는데 이상한 나무에 대해서 꿈을 꾸었는데 그 나무의 이상한 영역들은 자신의 내부 안에서 그 의미를 발견하게 된다. 부모가 자녀의 마음 중 어디에 서 있어야 하겠는가? 부모가 이렇게 좋은 마음의 영역들을 삶을 살아가면서 얼마나 많은 부분을 놓치고 있는지 안타까운 마음이 앞선다. 자녀들은 자기ㅡ자신에 대해 이야기하고 싶고 알고자 하는 상징들을 가지고 있다. 부모가 마음의 통로를 열 수 있도록 자녀의 마음의 문앞에 다가가서 "그것이 무엇인지?" 물어본다면 자녀들의 상상 이미지는 현재의 삶이 된다.

24. 칭찬, 그 묘약과 독

칭찬의 목적은 정서와 생각 그리고 행동을 구별하는 능력을 갖게 하는 것이다. 칭찬이란 좋은 행동에 대해 좋은 말을 주어 그 행동을 강조하는 것이며 자녀가 자기 자신을 귀하고 부드럽게 대할 수 있는 힘을 얻게 하는 것이다. 그러기 때문에 무조건 아무것이나 잘한다고 칭찬하는 것이 아니라, 칭찬할 때 제대로 잘 하는 것이다. 어느 것이나 잘한다고 하면 자녀들은 자신이 잘한 것과 잘못하는 것을 구별할 수 없고 정말 자신이 잘못한 것을 알았을 때는 그 잘못을 받아들일 수 없게 된다. '버릇없다'라는 말이 여기에 있다. 무엇이든 최고이고 잘해야 한다는 완벽주의를 자녀들은 삶을 살아가면서 자신을 혹독하고 잔인하게 앞으로만 이끌고 가며, 쉬어도 잘 쉬지 못한다. 무엇을 얻기 위해 빠르고 바쁘게 움직여야 하기 때문이다. 지나온 과거에서 자신의 이미지가 영예로웠던 순간에 젖어 현재의 실패를 인정하기 어렵다. 실패를 통해 무엇을 배우기보다는 성공한 과거가 그리고 그 결과가 더 달게 다가온다. 자신에게 다가오는 잘한 것들을 알아차리면 차원은 달라질 수 있지만 대부분 성공한 것의 감정에 빠져 이를 생각하지 않게 된다. 좋은 말들만 듣다 보면 나쁜 말들을 받아들이는 데 상당한 시간이 걸리거나 이를 저항하는 특징으로 보이는 이유가 여기에 있다. 자녀들의 자존감을 증진시키기 위해 늘 좋은 말만 하고 어떤 사건이나 상황에서든 자녀의 편이라면 자녀는 좋은 것과 나쁜 것을 구별하는 능력을 소유할 수 없게 된다. 이것이 칭찬의 독이다. 물론 정의로운 분노 앞에서는 선을 향해 대담하게 자녀의 편이 되어야 한다.

칭찬에 인색한 경우 자녀들은 자신이 잘하고 있을 때는 잘 알지 못하며 잘못한 것에 대해 불안해한다. 무엇을 잘하고 있는지 알지 못하며 이를 '비난'으로 받아들여 자기 자신은 '바보'라고 판단해 버린다. 또래 친구가 장난삼아 놀리는 경우에 가장 큰 상처로 확산되기도 한다. "그래 나도 바보인 구석이 한두 가지는 있지, 네게 바보인 것은 없니?"라고 대응할 수 없으며, '바보'라고 자신을 정의 내린 올가미에 빠져 헤어 나오지 못한다. 자녀들이 자신을 속이는 과정이 이럴 때 빨라진다. 저항하기 때문이다.

칭찬이 가장 효과적일 때는 자녀들이 좋은 행동을 보인 후 0.5초 내외라고 한다. 부모가 자녀들의 행동에 민감하게 반응하지 않거나 평소 일상적인 대화가 이루어지지 않으면 자녀들의 행동을 잘 읽거나 잘 볼 수 없다. 부모가 자신 안에 갇혀 있을 때도 마찬가지이다. 자녀들이 외적으로 보여주는 행동 못지않게 좋은 감정과 생각을 칭찬하는 것도 잊어서는 안 된다. 사실 외적인 행동과 생각과 감정은 서로 밀접하게 연결되어 있는 형제들이다. 바깥쪽과 안쪽을 모두 반응하다 보면 자녀들의 마음이 신체적인 성숙과 함께 날아오를 수 있게 된다. 이럴 때 부모는 자녀들의 마음을 그려 주는 화가이며, 자녀들은 자신의 마음에 그려진 그림 안에서 자신의 능력을 창조하는 빛이 된다.

칭찬은 지금 바로 보여주는 자녀들의 마음을 의미한다. 한동안 시간이 지난 후에 칭찬하는 것은 과잉칭찬이며, 오랫동안 있는 사실까지 들추어내어 비난하는 것은 과잉비난이다. 서로 다른 차원 같으면서도 이 두 가지는 상대인 자녀들을 당황하게 한다. 순간순간 보여주는 자녀들의 좋은 행동에 불꽃을 이루게 하고 태양 빛처럼 그 마음이 빛나게 하여 자녀들에게 마음꽃을 만들도록 준비시키는 것은 부모들의 몫이며 이를 소홀히 하는 것은 부모로서의 직무유기이다.

25. 조건에 길들여진 아이들

부모가 기대한 것처럼 자녀들은 어느 정도까지 움직여줄까? 행동치료에서는 자녀의 좋은 행동을 강화하고, 나쁜 행동을 소거시키기 위해서 강화물을 사용한다. 좋은 행동을 더 촉진하기 위해 1차적으로는 물질적인 강화물로 자녀가 좋아하는 과자나 사탕, 장난감이나 책 등이며, 2차적으로는 심리적인 강화물로 언어적으로 칭찬이나 공감 등이다. 대부분 부모들은 자녀의 좋은 행동보다는 나쁜 행동에 더 많이 관심을 가지고 있다. 나쁜 행동에는 자녀들이 생활하면서 부족하거나 잘하지 못하는 부분도 포함된다. 어느 한 부분이 모자라거나 부족하거나 잘하지 못하는 부분이 부모의 눈에 발견되면 부모들은 참지 못하고 이를 보완하기 위해 애를 쓴다. 자녀들의 이러한 행동 자체만 부모가 관심있고 좋은 행동에 부모의 눈을 주지 않으면 자녀는 아빠와 엄마에 대해「나만 미워하는」엄마와 아빠 이미지를 각인 시킬 수 있다. 부모들이 자녀들의 나쁜 행동을 교정하기 위해서 활용하는 방법은 처음에는 달래고 나중에는 지시하며, 어느땐 이를 방관하거나 언어나 신체로 자녀를 모욕하기도 하고, 때리거나 인격적으로 무시하기도 한다. 부모가 자녀의 나쁘거나 부족한 또는 모자란 행동 한가지만 보았기 때문이다. 자녀의 이런 행동이 교정된다면 아마 모든 행동이 좋아질것이라고 생각하지만, 결국 자녀의 고집스런 행동앞에 부모가 항복하게 된다. 부모가 자녀에게 가하는 행동이 자녀의 입장에서 받아들여지지 않았기 때문이다. 외적인 조건에 길들여진 아이들은 독립할 수 있는 힘이 발달하지 못한다. 독립에 대해 자녀가 학습할 수 있는 기회를 부모가 가지고 있으면서 부모가 자녀의 삶을 살아가고 있기 때문이다. 언제까지 부모가 자녀의 삶을 대신해서 살아야 한단말인가? 자녀가 작은 것이지만 스스로 하기 위해서는 자녀의 행동을 교정하기 이전에 자녀가 자신의 외적인 행동을 통해 속마음을 보는 힘이 있어야 한다. 한 예로 부모와 자녀가 함께 신발을 정리하고 청소하는 것을 생각해 보자. 자녀는 자신의 몸을 움직여야하고 자신의 신발이나 방 등 이외에 다른 사람의 신발이나 방을 청소하면서 부모가 손부터 발까지의 감각을 가볍게 터치 하면 자녀는 몸의 움직임을 힘들지 않게 받아들이면서, 부모와 함께 하는 협동기술을 배울 수 있으며, 다른 사람을 생각하는 탈중심화의 사고력을 가질 수 있게 된다. 단순한 활동이지만 많은 능력들이 발달하고 있음을 볼 수 있다.

26. 【입】을 다루는 부모

-말하기 전에 입을 자각하면 언어가 더 부드러워진다-

우리의 신체부위중 외부의 물질을 받아들이고 안에 있는 생각과 감정을 밖으로 쏫아내는 영역은 입이다. 치아는 외부에서 들어오는 여러 가지 음식을 잘개 부수어 목을 지나 위에서 잘 소화하게 한다. 부모가 자녀에게 무슨 말을 지금하고 있는지 순간 순간 느껴진다면 자녀의 언어표현은 더 없이 세련되고 부모가 자녀에게 어떤 말을 가장 빈번히 하고 있는지 알아차리게 된다. 자녀에게 가장 많이 표현한 말들은 부

모가 바라는 것처럼 자녀의 행동을 교정하거나 변화시키기 보다는 자녀가 자신을 어떻게 생각해야하는지 알려주는 신념 또는 믿음과도 같다. 자녀 스스로 자신의 이미지를 좋은 사람으로 또는 나쁜 사람으로 만드는 것은 부모가 얼마나 좋은 말을 많이 했느냐 또는 나쁜 말을 많이 했느냐 보다는 부모가 스스로 자신의 "입"을 얼마나 잘 느끼느냐와 관련있다. 자녀들에게 좋은 말을 해야 한다고 생각하면서도 실제로 언어는 야단치는 말이나 짜증내는 말, 기분에 따라 이리저리 움직이는 말, 반복해서 잔소리로 생각되는 말 등은 모두 "입을 자각하는데 실패했기 때문이다. 입은 부모 자신의 생각과 감정을 보이는 통로이다. 언어로 표현하기 이전에 "입"이라는 감각을 먼저 자각한다면 자녀를 대하는 표현들이 좀 더 섬세해질 것이다.

좋은 언어들이란 "그냥 잘했다"라기 보다는 좋은 행동이나 감정, 생각이 어떤 것이 표현되었는지 좀 더 정교화시킨다면 자녀들은 부모들의 입으로 전해지는 언어를 통해 자신의 자아–이미지를 더 행복하게 볼 가능성이 많아진다. 자녀들이 자신에 대해 "행복한 자아-이미지"는 바로 이럴때 형성된다. 정교화는 인지심리학의 기억영역에서 오랫동안 기억할수 있는 장기기억의 한 요소로 좀 더 깊이있게 자녀들이 느끼고 알아듣고 행동으로 표현된 것을 볼 수 있도록 자녀들이 보여주는 영역에 "의미나 뜻"을 첨가해서 설명해 주는 것이다. 좋은 말을 많이 듣는 것이 어떤 영역인지 구별되어 부모가 전해준다면 자녀들은 자신의 마음의 구성요소인 정서와 생각과 행동을 구별해서 보기도 하고 전체적으로 통합된 자기로 보는 관점을 발달시킨다. 좋은 말도 그냥 하는 것

과 좀 더 깊이 있게 오랫동안 잘한것을 기억하게 하는 언어와는 질적
으로 다르다. 오랫동안 기억할 수 있는 언어를 부모가 잘 선택해서 표
현하는 언어도 부모가 "입"을 느끼면서 표현한다면 동일하게 잘한 행
동이라도 다르게 표현해 줄 수 있다. 좋은 말도 같은 말이면 싫증난다.

II

청소년기 자녀의 마음 껴안기
― 우울과 분노와 불안의 이해와 지혜 ―

1. 내면의 적들과의 만남에 대하여

내면의 적이란 우리 내면에 숨어 있는 상처받은 감정의 덩어리들을 의미한다. 이것들은 때로는 우리를 우울하고 불안하게 하며 분노하도록 이끄는 뿌리가 되기도 하고, 이를 잘 견디고 다루면 그만큼 성장의 자원으로 활용될 수 있는 '내 안의 적'들이다. 우리 자신 안에 숨어 있는 내면의 적들은 늘 이중적인 두 가지 모습을 가지고 있어서 어느 땐 우리 자신을 아주 오랫동안 혼란의 경험으로 이끌기 때문에 장시간 동안 현재에 만나는 사람이나 일을 통해서도 제대로 관계하지 못하고 만족하지 못하게 하거나 평온하지 못한다. 우리는 같은 근원을 가지고 있으면서도 서로 다른 형태로 움직이려는 내 안에서 대극의 감정들인 우울과 불안 그리고 분노의 적들이 '심리―내적인 합일(또는 결혼)'을 할 수 있도록 다리를 놓아야 한다. 이 세 가지 감정은 우리 마음의 가장 뿌리 깊은 마음의 적들이면서도 어느 땐 분열되어 나누어지고, 어느 땐 세력을 모아 우리 자신을 파괴와 멸망으로 이끌기도 할 뿐만 아니라 이러한 적들이 다루어져 유순해지면 대담한 용기와 깊이 있는 생각, 타인의 마음을 읽어 내고 이에 따라 반응할 수 있는 힘, 자신과 세상을 만나는 데 경계감이 없어지고 도전하고 모험할 수 있는 자유로운 힘을 얻게 된다. 우리는 좌절할 때 대부분 억제하거나 두렵기 때문에 도망가서

자신을 잔인하게 공격한다. 이때 나타나는 것이 분노인데 분노는 자신을 공격할 뿐만 아니라 타인에게 신체적·심리적으로 상처를 입히게 된다. 우울과 분노가 자신의 내면 안에만 머물면서 잘 다루어지지 않으면 어떤 불행이 자신에게 나타나지 않을까에 대한 불안이 시작된다. 불안 속에서 만들어지는 두려움은 우리가 무엇을 하는 데 주저하게 되고 우유부단해지면서 자신이 알고 있는 지식들이 활동하지 못하게 할 뿐만 아니라 결정하는 힘들을 사라지게 한다. 두려움이 많으면 세상 밖으로 나갈 수 없으며 다가오는 모험을 거부하고 저항하게 된다. 결국 우리는 불편한 것이 아닌 '불행하다는 말'을 만들어 내게 된다. 만약 이 세 가지 감정이 현재를 살고 있는 우리가 잘 견디고 제대로 다룰 수 있는 지혜를 경험한다면 내면의 적들은 '마음의 빛'으로 변하여 '어두움의 빛'을 내 안에 준비할 수 있게 된다. 우리는 대부분 두 개의 서로 다른 세력들이 나타나면 당황해서 재빨리 이를 억제하거나 도망가려고 한다. 이유는 불쾌하기 때문이다. 불쾌의 수준은 고통의 수준과도 같아진다. 마음을 구성하는 하나하나의 부분들이 쪼개어지는 고통을 견디면서 용기 있는 초

대와 솔직한 인정만으로도 우리 자신은 대담하게 마음의 상처받은 고통
들 그리고 이러한 고통이 가져오는 많은 잔물결들을 똑바로 맞서서 대
면할 수 있다. 내 안에 있는 그들과 대담하게 대면하는 것, 고통의 잔을
대담하게 마시면서 깨끗하게 비우는 것이 이 작은 책을 쓴 목적이다. 조
용한 곳에 앉아서 이러저러한 상상 안에 다가오는 내면의 덩어리들을
대면하는 것이 아니라 순간과 찰나를 의미하는 지금-이곳에서 내 안의
적들인 그들을 삶 안에서 생동감 있게 살아내는 것이다. 다시 말하면,
먼저 내 안의 적들과 '일치'를 이루어 그 정체에 대한 느낌들의 소리들
을 내적인 또는 외적인 언어로 설명하여야 한다는 의미이다. 내적인 언
어는 침묵 속에서 감정들이 언어로 들려오는 것이며 외적인 언어는 우
리가 소리를 내어 말하는 것이다. 감정이 치밀어 오르기 전에 다루어진
다면 우리는 내적인 언어로 그것을 읽어 낼 수 있으며, 오랫동안 도망쳐
온 감정들이 한꺼번에 나타나면 먼저 우리는 그것을 소리 내어 잘 읽어
내야 한다. 우리 마음에 묶여 있는 것들을 잘 그리고 제대로 풀어내는
것이며, 그러한 일들이 삶에서 반복되는 것을 사라지게 하는 것이다.

　　　　　　　　삶을 살아오면서 사람마다 차이는 있겠
지만 마음의 고통은 어떤 사람은 아동기
때, 어떤 사람은 청소년기 때, 어떤 사람들
은 성인기 때 우울과 같은 좌절로 시작된
다. 나 자신과 다른 환경의 공격으로부터
어떤 것을 조작할 수 있는 내면의 힘이 바
닥난 자신의 모습을 사랑할 사람은 아무도
없을 것이다. 사실은 이때가 가장 참으로
자신을 사랑할 때인데도 우리는 있는 힘을
다해서 '어떻게' 해 보려고 한다. 대부분
실패하며 남아 있는 것은 빈 공허함뿐이다.
시간이 가면 없어지는 것처럼 어떤 다른 활동이나 일에 몰두하고 이리
저리 사람들을 무질서하게 만나고 헤어지는 연습이 반복된다. 솔직하게

응답하지 않았던 자신의 내면에서 들려오는 소리는 그만큼 거세어지고 예민해지면서 우리 자신과 타인 그리고 우리 자신에게 묶여 있는 사람들과 일 그리고 사물과의 관계는 조금씩 분열을 일으키게 된다.

내면의 적들인 우울과 불안 그리고 분노는 심리적인 고통이면서도 영성적인 특징을 가지고 있다. 이들의 영성적인 특징은 '고통 안에서의 배움과 지혜'이다. 고통을 다시 오지 못하게 하는 것이 아니라 고통을 통해 '자신'에 대한 참된 지식을 알고 이를 통해 삶의 지혜들을 창조하는 것이다. 우리는 매 순간 자신을 창조한다. 고통 안에 있는 우리는 가장 낮은 자이지만 이를 통해 강하고 주변의 환경을 다룰 수 있는 힘들이 나타나게 된다. 내면의 적들은 원시적이어서 치유되기를 소망하며, 이러한 적들이 내면에 가득하여 강렬해질 때 여러분은 이미 치유의 문으로 초대되고 있는 것이다. 내면의 적들은 각자에게 치료받기를 원하며, 좀 더 많은 빛을 세상과 자신을 향해 발사 되길 바란다.

2. 우울(Depression)

우울감정은 일시적으로 기분이 무기력한 상태로 청소년기에는 신체 변화나 가족 또는 주변 인물들로 인한 스트레스, 일의 좌절 등으로 시작되며 어느 땐 특별한 이유도 없이 피곤하며 기분이 떨어지는 감정으로 우울 신경증 또는 우울증으로 발전할 수 있다. 대부분 우울감정은 대부분 일시적으로 나타났다가 사라지지만 우울증은 삶에 대한 관심의 철수, 동기의 결여, 활력의 상실, 절망감 및 자살에 대한 생각 등으로 나타나는 기분 및 감정의 저조 등의 정도가 일시적인 우울감정보다 더 깊고 포괄적인 범위로 느껴진다. 우울감정을 정확하게 자각하기는 연기처럼 모호하지만 몸과 정서로 분명하게 경험되는 시기는 주로 청소년기부터 시작된다. 청소년 학생들의 몸의 변화는 각 개인에게는 하나의 커다란 도전이며 좌절을 안겨다 줄 뿐만 아니라 몸속에 아동기 동안 학습된 중요한 경험들이 정서로 표면화되기 때문이다. 아동기의 경험들은 청소년기에 새롭게 응답받고 싶어 한다.

청소년기를 알려 주는 신호는 신체의 변화로 남자는 남자로서 여자는 여자로서의 외적인 틀이 변화하는 것을 의미한다. 외적인 변화와

함께 심리적으로 가장 먼저 출현하는 세력들은 신체적인 변화에 저항하고 두려워하며 신체변화에 실망하는 우울과 불안의 세력들이다. 대부분 우리는 내적인 적들에 소홀하면서도 주변 환경이나 자극, 타인과 합류하려는 특성을 가지고 있다. 이런 특징은 인간관계뿐만 아니라 공부나 일, 직업 영역에도 동일하게 일반화된다. 자신이 세상의 중심이 되지 못할 때 타인도 일도 직업도 만족하지 못하며 방황하게 되어 마음의 병이 쉽게 다가온다. 마음의 병은 자신이 합류한 사람과 일 그리고 직업을 통해 오기 때문이다.

우울증을 가진 아동들과 청소년들의 증상들은 미묘하지만 표현되는 증상들이 유의미하게 서로 다르게 나타나는데, 아동기의 어린이들은 10대들보다 더 신체적인 고통, 우울한 외모, 정신운동적 흥분 그리고 환각을 보인다. 반면에, 청소년기의 학생들은 더 많은 절망감을 호소하고 더 기쁜 것을 추구하며 수면욕이 가중되고 너무 마르거나 비만형의 체중 변화를 보인다. 청소년기에는 아주 작은 실수나 실패에도 민감하다.

청소년기의 학생들은 인지능력의 발달과정상에 있어서 자신의 감정을 구체적으로 명료화하고 이를 해석하는 데 미숙하며 우울감정에 대한 심각성이나 지식이 부족하기 때문에 학생 자신들뿐만 아니라, 부모들도 기분의 변화가 주요한 문제거리로 보지 않는 것이 보편적이라서 대부분의 학생들은 우울 증상들이 일상생활에 손상을 가져올 때 도움을 요청한다. 예를 들면 많이 먹거나 먹지 않는 식욕행동, 체중감소, 수면의 문제, 분리문제, 강박관념, 행동문제, 신체화, 부주의, 집중력의 저하, 과승행동 또는 사회적인 철회 등을 주로 호소한다. 이러한 증상들에 대한 주의 깊고 체계적인 평가가 없이 방치한다면 우울 증상은 다른 정신과적 장애나 비정신과적인 의료문제의 가능성을 안고 있다. 특히, 청소년기의 학생들은 우울 장애가 약물이나 알코올 사용, 인터넷 중독과 긴밀히 연합되어 있다는 점에서 그 심각성이 높아질 수 있다. 청소년기 학생들이 표현하고 있는 우울증은 이들의 행동을 통해 간접적으로 추론할 수 있는 것이지만 그 기저에는 우울증이 깊이 자리잡고 있다.

청소년 학생들은 두 가지 이유로 인해서 성인들이 보이는 전형적인 우울증을 보이지 않는다. 첫번째 이유는 이 시기에 직면하는 몇 가지 발달과제 때문인데, 예를 들면 성적인 생물학적인 변화에 적응하고, 부모로부터 정서적인 의존과 함께 이들로부터 독립하는 것을 배우며, 동성의 단짝을 유지하면서도 이성애적인 우정으로 전환하여 이들과 관계를 형성하는 것 등은 청소년 초기 학생들의 자존심에 심각한 도전이 된다. 이로 인해, 청소년들은 자기-비평적인 태도로 자기 자신뿐만 아니라 타인들을 받아들이기 어렵고, 유능하고 능력 있는 사람이 되는 것에 대해서 걱정하지 않는다. 그러므로 성인기에 나타나는 우울 증상(예를 들면 슬픔, 자기-비난, 무력감 그리고 절망감 등)을 경험하지 못하며 이러한 것들을 표현하기 어렵다. 두 번째 이유는 청소년 초기 학생들은 자기 자신에 대해서 생각하는 것보다는 외부 사물, 사건, 현상 등에 대해 더 많은 관심을 갖고 이것을 촉진시키는 발달단계에 머물러 있기 때문이다. 즉 하나의 관점만을 생각하는 차원에서 여러 가지 관점과 차원을 관찰할 수 있는 탈중심화의 시기에 놓여 있는 것이다. 청소년기에는 학업과 인간관계 등 주변의 다양한 경험들 안에서 자신에 대한 지식과 경험한 지식들을 일상생활 안에서 관찰할 수 있는 능력이 중요하다. 주변의 환경과 변화 안에서 '나'를 보는 능력인 것이다.

청소년 전기와 청소년 후기(중·고등학교, 대학교 시기)에 걸쳐 지속적으로 잘 나타나는 우울증은 이들이 성인들보다 자신의 감정을 표현하고 이를 다룰 수 있는 능력이 떨어지며 행동장애나 약물중독 등의 위험을 내포하고 있어서 성인기의 전형적인 우울증과 다소 색다른 형태로 표현되고 있고, 내적인 경험과 외적인 행동이 양극화되어 여러 가지 다양한 행동문제로 나타나기 때문에 청소년기의 우울증을 가면 우울증(Masked Depression)이라고 한다.

가면 우울증을 이해하는 데 있어서 가장 핵심적인 개념은 청소년기의 발달 단계적 특성과 더불어 상실감(sense of loss)이다. 상실감이란, 죽음, 이별 그리고 깨어진 우정을 통해 개인적인 관계가 상실되는 것이고, 여기에는 죄책감 또는 실패와 관련 있는 자존심의 상실을 포함한다. 아울러 상실감에는 질병, 무능력, 외모나 행동이 보기 흉한 것(예를 들면 안경이나 멜빵을 쓰거나 몸에 걸치는 것 등) 등 후에 나타나는 신체통합의 상실뿐만 아니라, 심지어 정상적인 신체변화에도 나타난다. 신체의 한 부분인 얼굴에 여드름이 나면 부모들은 신체변화의 자연스런 현상으로 지각하지만 청소년들은 이것을 하나의 커다란 위협이나 도전으로 받아들인다. 여드름이라는 신체변화를 정직하게 받아들이기 전까지 청소년들은 밤잠을 자지 못할 만큼 큰 압력을 가지고 살아갈 수 있다. 아울러, 청소년들은 자신의 신체 크기와 기능의 극적인 변화에 적응하고 심리적으로 자신의 부모로부터 독립하는 것을 학습하는 것과 같이 자신이 직면하는 발달과제에 상당한 힘이나 영향력을 행사하려는 열망을 가지고 있다. 이때부터 청소년들은 자기다운, 타인과 구별되는 삶을 시작하고 싶어한다.

이와 같이 상실감이나 좌절을 경험하는 청소년 초기 학생들은 성인들처럼 우울감정들에 대해 내향적인 몰입을 하는 것이 아니라 우울감정을 견뎌 내기 위해서 상당한 에너지가 필요하고 불편하며 복잡하기 때문에 여러 가지 다양한 외부행동으로 표현하는 경향이 있다. 학생들이 내적으로 받아들여지지 않은 것들 그리고 내적으로 초대하기 어려운 것들은 행동을 통해 그 의미를 전달한다. 이러한 행동들은 간접적인 형태로 ① 우울증에 대한 심리적 희생, ② 우울증을 회피한 결과 그리고 ③ 도움에 대한 호소 등과 같은 심층적인 의미를 가지고 출현한다. 가면은 우울함이 행동을 통해 가려져 있는 그림자와 같다.

1) 우울증에 대한 심리적 희생

우울한 청소년 초기 학생들은 자신의 심리적 문제를 처리할 때 나타나는 희생의 대가로 피로, 건강염려증 그리고 집중력 곤란을 보인다.

피로는 극적인 신체적 성장과 활동적 생활의 결과이며, 건강염려증은
자신의 신체가 어떻게 보이며 작용하는지에 대한 현저한 변화에 주의
를 기울이기 때문이다. 집중력 곤란은 빈약한 학업수행 능력과 관련
있는데 학교에 대한 흥미부족 또는 학습장애의 결과이다. 심지어 적절
한 유식을 취한 후에도 계속해서 피로감을 느끼는 학생들은 자신이 직
접 해결할 수 없거나 표현할 수 없는 우울증적 근심과의 싸움에서 탈
진할 상태일 수 있다. 여러 가지 신체적인 변화에 몰입하는 학생들은
자기 자신을 수용할 수 없거나 타인과 공유할 수 없는 신체적인 적격
성에 관한 걱정으로 우울을 경험한다. 열심히 공부했음에도 불구하고
정보를 흡수하거나 보유하기 어려운 학생들은 견고하게 버티고 있는
주의를 많이 가지고 있지 못하며, 여기에는 자신이 공부한 것들을 완
벽하게 이해하고 인지할 수 없다는 우울증적 근심과 밀접히 연관되어
있다. 한 가지 생각에 고정되어 있는 경우가 많아 대다수의 학생들이
많은 시간을 공부하는 데 투자했음에도 불구하고 능률이 오르지 않는
이유가 여기에 있는 것이다. 예를 들면 중학교 1학년 때는 잘했는데 2
학년 올라오면서 성적이 떨어지는 경우, 중학교 때는 공부를 잘했는데
고등학교 올라오면서 성적이 떨어지는 경우, 차분한 성격이었는데 어느
날인가부터 만나는 친구가 많아지거나 혼자 고립되는 경우, 저돌적이고
반항적인 행동으로 변하는 경우 등 양극적인 행동을 생각해 보자. 아
마도 부모들은 과거에 성취한 과제들 때문에 자녀들의 내적인 공허감
과 같은 가면 우울의 고통을 감지하지 못할 것이다. 자녀들은 ‘가슴으
로 자신에 대해 슬퍼하고 있지만’, 부모들은 이러한 자녀들의 마음을
껴안을 수 없는 것이다.

　또한, 청소년 학생들은 정신건강에 대한 교육이나 발달과제들에 대
한 교육을 받을 기회나 인지발달의 미숙으로 이들이 느끼는 것들이 무
엇인지 나타내기 위해 우울증이란 단어를 사용하기 힘들기 때문에 “무
언가를 걱정하고”, “이유 없이 피곤하다”는 말로 자신의 우울감정상태
를 나타낸다. 신체로부터 들려오는 감정의 메시지는 처음에는 이와 같

이 상징적인 단어들로 표현되지만, 상징적인 단어들이 더 구체적으로 표현되면 메시지에 대한 정체(예를 들면 자신에게 실망했다든지 등)가 표면에 그 얼굴을 드러낸다. 공부에 대한 영역만 부모가 자녀들과 이야기를 나눈다면 자녀들의 다양한 내적인 변화에 민감하게 반응할 수 없다. 부모와 자녀의 마음-코드는 분열된다. 부모가 청소년기 자녀가 가슴에서 이야기하는 소리를 들을 수 있을 때 초대할 수 있다.

2) 우울증을 회피한 결과

우울증을 회피한 결과는 두 가지 공통적인 형태, 즉 ① 안절부절못하는 것(불안)과 ② 사람들에게 접근하거나 이들로부터 탈출하는 것으로 나타난다. 바쁘게 지내면서 안절부절못하는 것은 우울한 감정을 치료하는 데 효과적이라는 사실 때문에 우울등가현상으로 본다. 불안은 우울증이 출현하기 전에 발생하며 불안과 우울은 상호 인과관계를 형성한다. 우울한 욕구를 회피하고 싶은 강력한 욕구가 있을 때, 청소년 초기의 학생들은 생산적이라기보다는 본능적인 형태로 과승활동 수준을 통해 우울증을 회피할 가능성이 많으므로, 자신을 쉴 사이 없이 바쁘고 안절부절못하게 만들며 쉽게 피곤해한다. 이 시기의 청소년들은 새롭고 서로 다른 종류에 대해서는 집요한 요구를 가지고 있으며, 친근하거나 평범한 것에 대해서는 인내력이 낮다. 특히 아동기와 청소년에 이러한 과승활동(외적으로는 자신감에 차 있으면서)은 우울증이 위장되어 나타나기 때문에 우울한 청소년들은 주의범위가 짧고, 동료들보다는 옷과 장난감을 더 빨리 소모하며, 동료들과 오랫동안 함께 앉아 있기가 어렵다. 옆자리에 사람이 있으면 답답해서 빨리 일어나고 싶어지며, 함께 몸으로 움직이며 운동하는 것도 싫어하게 된다. 이들에게는 사람의 숨소리마저 거친 자극이 되기 때문이다.

　사람들과의 관계에 있어서도, 우울한 청소년 초기의 학생들은 끊임없이 친구를 필요로 하고 새롭고 더 흥미 있는 친구를 찾아다닌다. 사람을 멀리하는 것과는 정반대로 많은 사람들 속에 자리잡고 있는 '고독'과 같은 인물이 된다. 사람들과의 표면적인 관계나 스릴을 추구하는 행동 등은 잠시나마 내적인 공허감을 달래 줄 수 있기 때문이다. 안절부절못하는 것과 마찬가지로 사람들에게 접근하는 것은 각 개인을 자극적이게 하고 자신의 마음을 점령할 수 있도록 도와주기 때문에 우울한 감정이나 사고들이 자신의 의식을 침입할 수 있는 기회를 주지 않는다. 또 다른 예로, 타인들이 주변에 있을 때, 거부되거나 무시된다는 두려움이 증가하면 우울한 학생들은 사람들과 친밀해지기보다는 이들로부터 탈출한다. 어떤 활동을 통해 우울증을 회피하려는 욕구를 계속해서 느끼는 청소년들은 여러 가지 다양한 고립적인 활동 또는 애완동물과 함께하는 놀이에 관심을 갖거나 인터넷에 몰입하면서 사람들을 회피하고 사람들로부터 쉽게 정서적인 단절감을 경험한다. 이렇게 소외된 활동(혼자 노는 것, 교실 안에서 혼자이거나, 아니면 너무 많은 상대가 있는 것, 동전의 양면이지만 행동기저의 의미는 같다), 운동이나 특별한 동아리 활동 없이 책만 보는 행동 그리고 인터넷에 지속적인 몰입 등은 거부에 대한 위험 없이 자신의 감정을 표현한다. 미래의 도전과제와 모험은 이들이 회피하는 첫번째 정신들이다.

3) 도움에 대한 호소

　몇몇 청소년 초기 학생들의 우울증은 문제행동형태로 나타나는데, 이것은 도움에 대한 간접적인 호소를 보여준다. 자신이 심리적인 고통에 처해 있고, 위안과 지지를 필요로 한다는 사실을 의사소통할 수 없을 때, 이들은 불끈 화를 내는 것, 가출, 훔치는 것, 무단결석, 다양한 형태의 반항적이고 폭력적이며, 반사회적인 행동 그리고 비행행동으로 나타난다. 이러한 행동은 타인들로부터 주의와 타인들이 도움에 대한 욕구를 재인하도록 강요한다. 문제행동은 가족 간의 이혼이나 부모의 죽음과 같은 우울경험 후에 발생한다. 특히 우울감정에는 분노가 도사리고 있어서 우울감정이 심할 수록 공격적이고 잔인한 특성들이 자신뿐만 아니라 타인을 향해서도 표출될 수 있다. 성별 간의 차이도 있어서 18세의 우울한 청소년 남학생들은 공격적이고, 자기-과시적인 반면에 18세의 우울한 여학생들은 자기를 지나치게 억제하거나 통제한다. 대다수의 학생들이 호소하는 우울증은 부정적인 신체 이미지와 관련 있다. 즉 자신의 외모가 열등하다고 느끼면서 이를 받아들이지 않고 저항하게 된다. 이때 신체적인 판단은 심리적인 마음의 부분들을 성장하지 못하게 하는 기초가 된다. 현재를 상징하는 "몸의 변화"는 이들에게 상당한 도전이 되기 때문이다.

4) 우울이 다가오면 청소년들은 어떻게 행동하는가?

청소년기의 가면 우울증이 내면의 감정과는 다르게 청소년들은 외적으로 상반되게 표현을 하고 있지만 그 내적인 기제는 공통점이 있다. 청소년들이 보이는 우울증상은 나름대로 그 이유가 있지만 고통스럽고 불쾌한 우울감정을 견디기에는 힘이 들 수 있다. 이들은 자신을 위협한 내부로부터의 불쾌한 감정에서 자신을 보호하기 위해 어떤 방비책을 강구할 수 있는데 그것은 고통스러운 감정상태로부터 달아나는 것이다

청소년들이 성숙해짐에 따라 이들은 이상적일 뿐만 아니라, 자신의 경험을 다루는 데 있어서도 표현적인 방법을 사용한다. 자기 자신에 대해서 비평적으로 생각하는 능력이 증가하고 타인과 함께 자기-비평

적인 사고를 공유한다. 그러므로 이전보다는 전형적인 성인기 우울증상을 더 현저하게 나타낸다. 그러나 연령이 증가할수록 약물남용, 이성 또는 동성과의 성적인 난잡함, 소외 그리고 자살시도와 같은 부적응적 행동을 통해 우울증을 간접적으로 표현하기도 한다. 극소수의 학생들이 약물중독과 성적인 난잡함을 보이지만, 이것은 우울대응적 특징의 하나이다. 즉 이 두가지 행동은 흥분과 자극을 포함하며 우정이 형성되고 유지되는 초점이 되며, 타인의 주의와 이들로부터 나쁜 평판을 얻는 활동에 참여할 수 있는 기회를 갖게 된다. 이들에게는 타인의 불쾌한 또는 부정적인 관심도 필요하다고 생각하기 때문이다. 우울한 청소년들이 만족할 만한 정도의 흥분, 친구 또는 타인으로부터의 관심을 실현할 수 없을 때, 이들은 자신의 우울증과 투쟁하려는 방법으로 쾌감을 줄 수 있는 성과 약물을 택하게 된다.

청소년 중기의 학생들은 자신이 적합한지에 대한 우울증적 근심 때문에 소외가 나타나며, 세상에서 어떤 위치를 획득하려는 노력으로부터 철회한다. 실패나 좌절의 위험 대신에 이들은 구체적인 노력을 회피하고 장기적인 열망을 부인하게 된다. 억제된 성격패턴은 무관심을 유발하기 때문에 집단이 추구하는 목적에 대해서 걱정하는 것보다는 외로운 것, 중요하지 않은 것 그리고 부적절한 것과 같이 우울한 감정으로부터 회피할 수 있는 것에 대해 더 근심한다.

우울한 집단과 우울하지 않은 집단은 스트레스 사건의 유형 또는 지각된 중요성에 대해서는 차이가 나지 않으며 대처반응에는 유의한 차이를 보인다. 즉 우울한 사람들은 자신이 처해 있는 상황에 대해서 어떤 행동을 취하기 전에 더 많은 정보가 필요한 것으로 보고, 타인에게 조언을 구하는 것, 정서적 지지 그리고 소망적 사고 등과 같은 대처반응을 더 많이 사용한다.

자신의 외모뿐만 아니라 마음의 모든 영역을 나쁘게 바라보는 비효율적인 태도를 소지한 우울한 대학생들은 스트레스 상황하에서나 일상생활에서 자신에게 다가오는 문제들을 대처할 때, 종교적인 지지를 더 많이 사용하고 동화(양보)는 우울하지 않은 학생들보다 덜 사용한다. 비효율적인 태도를 소지한 우울한 학생들은 자신이 믿고 있는 종교를 통해 위안을 얻고 종교를 통해서 인생에서 살아가야 할 올바른 판단과 의미를 찾고자 더 많이 노력하고 기도하는 행동에 대해서는 중요한 것으로 생각하지만, 현재 자신에게 다가오는 문제를 분석하고 그 대안을 모색하기보다는 이를 회피하려는 위험성을 지적하고 있다. 아울러 우울한 학생들은 양보의 대처반응, 예를 들면 이기적일 만치 상대방의 의견이나 타인이 결정하는 것을 참고한다거나 양보하려는 생각은 적은데, 비효율적 태도를 소지한 우울한 대학생들이 우울하지 않은 학생들보다 상대방의 조언을 배제한 채 자신의 대처 방법 중에서 비효율적인 양상이 있음에도 불구하고 상대방의 의견을 참조한다거나 받아들이는 데 어려움이 있음을 보여준다. 이러한 특징은 우울감정에 깊이 빠져 있는 것처럼 '우울의 덫' 또는 '우울의 올가미'에 걸린 상태로 진전되며, 주변 자극에 대해 탄력적으로 반응하기 어려워진다. 일정 기간 고통의 시간이 지나기를 수동적으로 기다리면서 어떤 결정이나 판단을 하려고 할 때, 다시 어떤 일 또는 공부를 시작하려고 할 때 그 힘이 얼마 가지 않는 이유가 바로 여기에 있다. 즉 우울감은 일상생활의 스트레스를 처리하는 데 비효율적이어서 부차적으로 우울감을 심화시키거나 지속시키는 요인도 되지만 동시에, 자신의 가치에 대한 믿음과 비효율적인 대처방법에 대한 인식이 먼저 선행된다면, 종교심 발달에 중요한 촉진 계기도 됨을 시사한다. 양극적인 세력들을 중심으로 자신을 끌어당겨 우울의 올가미에서 탈출할 수 있는 자기 마음—읽기가 필요하다. 자신의 마음에 정직해질 수록 우울로부터 해방될 수 있다.

5) 내적인 적들인 우울로부터 자유로워질 수 있는 길

(1) 나의 한 부분인 우울과 대화하고 이해하며 화해한다.
그리고 이를 받아들이고 참된 자기-자신(I amess)이 된다.

우리나라 청소년기 학생들은 짧은 시간 내에 많은 지식을 습득하고 있다. 여러 가지 다양한 지식을 학습한다는 것은 지식, 정보화 사회에 중요한 요인이 아닐 수 없지만 '자기-지식(self-knowledge: 나의 감정, 생각, 행동 그리고 능력을 자각하는 지식)'에 대한 핵심요인이 없는 것이 문제일 수 있다. 그래서 어떤 모임에서 어떤 것에 대해서는 이야기할 수 있을지는 몰라도 자기에 대해 이야기하는 것을 두려워하고 가면을 쓰는 습관이 생기게 된다. 즉 자기 존재에 대해 무지하다. 자신의 존재에 대한 무지는 폭넓은 사고를 할 수 없기 때문에 미성숙한 자아중심적인 사고에만 머물러 있게 된다. 현재에 살아 있는 동안 잊어버리지 않고 계속 성장시킬 수 있는 물음들, 즉 나는 현재 무엇을 느끼고, 생각하고 있으며 행동하고 있는지 그리고 왜 그렇게 하고 있으며, 이러한 행동들이 나 스스로에게나 다른 사람에게 어떤 영향을 미치고 있는지에 대한 존재의 물음들이다. 특히 청소년기의 학생들은 현재의 명확한 사고보다는 이상적인 신념이 있어서 현재 숨어 있는 사실이나 은폐된 생각들을 드러낼 수 있는 힘들이 있다. 미숙하고 불안정하다는 것은 완전해질 수 있는 희망을 선사하며 혹 그렇게 되지 못할지라도 불완전의 상태를 견뎌 낼 수 있다. 성취감을 느낄 수 있으면서 어느 땐 고통 안에서도 견디고 자신의 삶을 충실히 살아갈 수 있다는 의미이다.

자기 이해의 첫번째 단계는 있는 그대로 자신이 경험하고 체험한 것들을 받아들이는 데서 출발한다. 자아-경계를 확장하는 것이다. 어떤 것은 좋고 어떤 것은 싫다는 판단은 차후의 일이다. 다양한 느낌들이 생산적으로 솟아올라 올 때 이를 그대로 마음껏 체험하는 일은 중요한 작업이다. 두번째 단계는 체험한 것을 생각할 때이다. 다시 말해서 자신이 지금 화를 내고 있는지 불안한지 긴장하고 있는지 체험의 정체를 밝혀내야 하며 현재 자신이 가치 있고 소중하게 생각하고 있는 것, 바라고 있는 것 그리고 몸과 정신이 원하고 있는 것들을 바라보아야 한다. 이러한 과정 안에서만이 자신이 현재 학업을 통해 성취하고 싶은 것, 타인과의 탄력적인 관계(가족, 친구 등)를 유지하면서 우주와 세상의 중심인 자기를 성장시킬 수 있다. 자신을 위해 몸과 마음을 쉴 수 있는 시간과 공간을 삶이 숨쉬는 과정중에 만들어야 한다.

우울한 이유에 대해서 신체감각과 심리적인 영역에 대한 자기-이해의 과정에서는 우울과 불안을 비롯한 내적인 적들, 즉 받아들일 수 없거나 용서하지 못하는 덩어리들이 있는데 불쾌한 것, 상처받은 것들과 진솔한 대화를 시작해야 한다. 자기를 받아들이는 단계에서도 자신과 화해할 수 있는 것들은 늘 존재하며 이들과 모험적으로 관계해야 한다. 이때 고통이 어느 땐 거세게 때론 조용히 다가온다. 도망가고 싶었던 자기의 열등한 측면이 부상되면 괴롭고 힘든 싸움이 시작되지만 이를 체험하면 그 열등한 자기가 본래의 자기 존재로 흡수될 수 있다. 자신과 화해할 수 있을 때 있는 그대로의 전체 모습(예를 들면 신체모습, 욕망, 몸과 정신의 흐름, 감정, 생각 그리고 행동들 그리고 현재의 생활과 협동하는 자기-이미지 등)을 수용할 수 있는 능력이 발달하게 된다. 우리가 기억해야 할 것은 우울한 기분이 들기 전에 먼저 우리의 몸이 경직되거나 긴장해 있어서 편안하지 못한 상태가 일정 기간 그리고 계속해서 지속된다는 사실을 알아야 한다. 아랫배까지 깊은 숨을

들이마시는 연습을 통해 일단 몸의 상태를 편안하게 이완시켜야만 우울함에 대한 이유와 원인 등을 현재와 과거의 경험을 왔다 갔다 하면서 살펴볼 수 있는 힘을 얻게 된다. 우울한 고통에 앞서서 출현하는 감각에 대한 깨달음, 소화기관과 두통의 고통이 주기적으로 있어서 먼저 그 감각들이 원하는 것, 생각하는 것들을(위 또는 머리가 말하는 것은 무엇인지?) 부분적으로 밝혀내야 된다는 의미이다.

우울감정은 이렇게 왔다가 저렇게 가는 가볍게 나타나서 사라지는 일시적인 감정으로 다룬다기보다는 우울감정을 '내면으로의 초대'로 보는 것이다. 거짓된 자기가 붕괴되고 어둠 속의 빛처럼 내비치는 참된 자신의 모습이 때론 험상궂은, 열등한 모습일 수 있어도 그것은 나의 모습, 내 마음이다. 그동안 쓰레기통에 버리고 싶었던 마음들이 솔직하게 우리 자신의 내면에 초대되고 그것이 고통스럽게 인정될 때 '나는 나이어서 행복하다'고 자신 있게 말할 수 있다. 내면의 초라한 모습들에 대한 인식과 함께 더없이 중요한 것은 '내면의 빛'인 자신의 능력들을 빠르게 활용할 수 있어야 한다. 부서지기 쉬운 우울의 초대에 응답한 우리는 대담하게 자신의 주변에 피어 있는 꽃들, 움직임을 통해 느껴지는 공기들 그리고 하늘이 더없이 명료하게 뚜렷하게 우리의 시각을 채우게 된다. 그동안 쉽게 포기했던 사람들과 일들과의 관계 안에서 미래의 더 큰 결과보다는 현재 순간순간의 조그마한 것에 대한 성취감과 보람을 느끼며, 그러한 '나'이어서 조용한 기쁨을 진실하게 누릴 수 있다. 혹 실패하더라도 쉽게 자신을 세상에 주지 않으며 포기하지도 않는다. 그러한 '나'는 실패의 고통을 견딜 만치 변화되었기 때문이다. 내면의 힘은 먼저 우리 자신을 보호하고 지킬 수 있을 때 그리고 과감하게 그러한 나를 믿고 사랑할 때 이러한 마음과 비례하여 타인과 일을 향해 내던질 수 있는 사랑의 의미를 깨닫게 된다.

(2) 두 가지 마음 세력들의 싸움: 자기 수용과 자기 거부

자기-이해의 과정에 내적인 적들이 나타나면 우리는 이를 받아들일 것인지 거부할 것이지 결정해야 되는 고통(suffer)에 놓여 있게 된다. 라틴어로 고통(suffer)의 의미는 '견디다(endure)'는 의미로 우리는 다음과 같이 우리 자신의 내면에서 벌어지는 두 가지 싸움의 세력들인, 자기-수용과 자기-거부에 대해서 생각해 볼 수 있다.

대부분의 청소년들은 자신의 성격이나 성격들이 이루어 내는 것들에 대하여 불만족하며 자신의 성격을 좋아하거나 이를 받아들이기 어렵다고 생각한다. 여기에서 의미하는 자기수용이란 자신의 개인적인 특질이나 성격을 신중히 고려하는 것, 즉 자신의 특질이나 성격들과 함께 살아갈 수 있고 살아갈 수 있다는 의지의 정도를 의미한다. 자기를 수용하는 사람들은 먼저 자기 자신을 존경하며 자기 자신과 편안하게 살 수 있는 사람들이다. 이러한 사람들은 자신의 소망, 희망, 두려움을 인식할 수 있으며 자신을 과시하는 의미라기보다는 감정의 본질들을 깨달을 수 있는 자유를 가지고 있다는 점에서 자신의 정서적인 성향들을 받아들일 수 있는 사람들이다. 이들은 자유롭게 결정을 내리면서도 결정에 책임을 갖고 있다. 자기-수용적 태도로 인해 사람들은 자기 자신을 좋아하는 것이며 다른 사람들도 이러한 자신의 특성을 좋아할 것이라고 느끼는 것이어서 타인의 비난이나 비평 또는 칭찬에 이리저리 흔들리지 않게 된다.

청소년 초기 학생들은 대부분 자기-수용적이라기보다는 자기 거부적이다. 자기-거부적인 사람들은 자신을 싫어하는 사람들이며 자신을 비난하는 경향이 강하고 다른 사람들은 자신을 적대적이고 무시한다고 느낀다. 이러한 사람들은 자신의 느낌이나 태도를 신뢰하지 않으며 자신에 대한 존중도 타인의 태도에 따라 흔들리게 된다. 자신과 함께 보내는 시간이 없어지는 이유가 여기에 있다. 특히 청소년기 후기에 있는 대학생들은 비현실적인 목표와 열망 그리고 기대감을 가지고 대학에 들어온다. 현재의 그들 자신과 자신이 바라는 것들 간의 간격이 벌어질수록 자신을 받아들이기 어려워진다.

청소년기의 자기-거부는 다음과 같이 위험한 신호를 보인다. 이들은 자신의 자아를 보호하려고 할 뿐만 아니라 자기-거부로 인해 나타나는 불만족감을 보상하기 위해 어떤 행동을 하게 된다.

① 타인에게 지나칠 정도로 무책임하고 의존적이다.
② 부적절감과 열등감이 높다.
③ 타인을 비난하고 언어적·신체적인 공격행동과 같이 비사회적인 행동을 한다.
④ 합리화와 투사 같은 방어기제를 과다하게 사용하며, 백일몽과 같은 퇴행기제와 알코올과 약물을 복용한다.
⑤ 우월감이나 희생자 감정이 많고 지나치게 민감하다.
⑥ 지나치게 걱정하고 불안하며 마음이 평화롭지 못하다.
⑦ 모든 것에 대한 완전주의적인 태도를 가지고 있다.
⑧ 외모에 대해 지나치게 많은 관심이 있거나 또는 없다.
⑨ 권위자에 대해 지나치게 적대적이다.

반면에 자기-수용적인 청소년들은 자기 자신을 좋아하며 바라고 가치 있는 소중한 존재로 바라본다. 자신의 역할로부터 만족감을 이끌어 낼 뿐만 아니라, 자신을 정확하게 바라보고 자신의 행동을 지도하고 현실적으로 자신을 받아들인다. 이들은 자신의 약점들도 자신의 욕구나 타인들을 만족시키기 위해 효과적인 도구로 활용할 수 있다. 즉 자기-수용적인 청소년들은 내적인 조화(inner harmony)를 즐길 줄 알아서 타인과 함께 있는 것도 평화로운 것처럼 자신과 함께 있을 때에도 평화롭다. 자신과 타인을 받아들이는 사람들은 자신을 방어하지 않는다. 그러나 자신을 너무 지나치게 많이 받아들이는 사람들은 타인을 무시하고 우월감을 발달시킬 수 있고 자신을 낮게 받아들이는 사람들은 자신의 욕구들을 부인하고 타인에게 좋은 모습을 보이도록 소망할 것이다.

자기-수용능력을 향상시킬 수 있는 방법은 다음과 같다.
① 청소년들은 자신의 신체가 변화하는 것처럼 자신의 성격패턴도 자동적으로 변화하지 않는다는 사실을 확신해야 한다.
② 청소년들이 자신의 내부를 들여다볼 수 있는 자기-통찰력(self-insight)을 발달시키도록 도우면 이들은 자신의 강한 면과 약한 면을 이해할 수 있게 된다.
③ 사회적인 통찰력(social insight)을 발달시키면 자기-통찰력을 향상시킬 수 있으며 타인이 자신을 어떻게 보기를 희망하는 것이 아니라 타인이 자신을 보는 양상과 일치하게 행동하며 이러한 행동에 불편함을 느끼지 않는다.
④ 현재의 자신을 좋아하고 어떤 측면에서는 자신을 일관되게 보는 방법을 학습해야 한다. 자기-관찰은 노력없이 얻어지지 않으며, 체계적인 학습이 요구된다. 자기를 아는 것은 하나의 학습이며, 여러가지 지식중에서 가장 중요한 공부이자 체험이다.
⑤ 자기-수용력을 발달시키기 위해서 청소년들은 미미한 혼란들(minor disturbances)을 주의 깊게 살펴보아야 하고 어떤 습관이 발달되기 전에 이러한 혼란들을 천천히 교정할 수 있어야 한다. 이러한 청소년들은 어떤 감정이나 생각들이 모호하게 연기처럼 불투명한 상태를 견디면서도 두려움 가운데 그 핵심으로 진입하려는 대담한 용기를 가지고 있다.

(3) 자신이 몰입하는 것과 타인의 흥미, 관심들의 차이를 점차적으로
    인식하고 타인과의 친밀성을 형성할 때, 우울을 깊이 있게 끌고 가
    는 자아중심성 영역에서 자유로워질 수 있다.

　자아중심적인 청소년들, 즉 하나의 관점만 생각하는 청소년들은 타인
의 흥분을 경험할 때 타인의 흥분과 자기 자신의 흥분을 구별할 수 없
다. 타인과 서로 관계가 설정되고 신뢰감을 공유하면, 타인도 자신과
비슷한 감정을 가지고 있으며, 동일한 면에서 고민하고 기뻐한다는 사
실을 발견한다. 즉 청소년기의 자아중심성은 두 가지 측면을 변형시킴
으로써 극복될 수 있는데, 먼저 인지적 측면에서, 자신이 몰입하는 것
과 타인의 사고 간의 차이를 점차로 구분할 수 있어야 하며, 두번째는
정서적 측면으로, 자신의 정서에 타인의 감정을 통합할 수 있어야 된다.
동료들과 함께하는 사회적 상호작용과 작업장면에서 참여하는 활동들
은 청소년기의 자아중심성을 감소시킬 수 있다. 먼저, 청소년기들이 서
로 상호작용을 통해서 다른 사람의 세상에 대한 관점들을 이해하려는
동기가 유발되고 타인과 마음과 마음의 대화(heart-to-heart talks)나
신뢰로운 관계를 형성하게 될 때 자아중심성은 훨씬 더 공감적인 조망
(empathic perspective)으로 변하게 되며 자기 자신을 훨씬 더 명료하게
정의할 수 있게 된다. 이러한 특징은 타인과 깊고 오랫동안 개인적이고
내적인 독백을 공유하는 것을 통해 극단적인 자아중심성으로부터 탈중
심화하며 심리사회적으로 더 성숙해질 수 있고, 청소년기들 자신의 개
인적인 이론들에 대해서 이야기하고 타인의 이론들에 대해서 더 많이
들은 청소년기들은 사고의 수준도 더 성숙했다는 연구와도 일치한다.
타인과 길고 깊이 있는 나눔은 개인적이고 내적인 담화를 변화시키고
탈중심화할 수 있어서 자기 자신을 관계 안에서의 한 사람으로 볼 수
있어서 자아-정체감을 강화할 수 있지만, 청소년기에 외톨이는 적절한
사회적인 상호작용 능력이 부족하기 때문에 탈중심화할 수 없으며 다

른 영역의 인지발달을 기대하기 어려워진다. 이를 위해서는 공감능력과 더불어 훌륭한 경청자의 능력이 요구된다. 역할 취득 능력에도 충분한 공감적 이해가 필수요건이다. 공감은 세 가지 구성 요소로 이루어지는데, 즉 ① 타인의 정서적 상태를 구별하고 그 정도를 정의할 수 있는 능력, ② 타인의 관점과 역할을 생각하고 추론하며 가정할 수 있는 능력, ③ 정서적인 노력과 정서에 탄력적으로 움직일 수 있는 반응성이다.

다른 사람, 즉 우리 자신의 다른 자아(other ego)인 타인과의 관계는 사회적인 조망수용능력 또는 조망수용능력의 발달에 따라 보다 균형적이고 질서 있는 관계로 발전해 나갈 수 있다. 청소년기 동안 협동의 능력이 싹트며 상호적인 협동은 친밀성과 자율성이 잘 조화된다고 본다. 여기에서 친밀성이란 자신과 타인 간의 심리적인 가까움, 연결됨 등으로 정의되며, 자율성은 자신과 타인이 연결되어 있으면서도 독립되어 있고 서로 구분된 욕구들이 있음을 깨닫는 것이다. 여기에서 상호적인 협동은 친밀감, 공유 등 자신과 타인을 통합시키는 능력과 자율성, 개성 등 자신과 타인을 구분하는 능력의 발달 모두가 기초가 될 때 발달한다.

(4) 자기 자신과 자신의 반응을 이해하려고 노력할 때 타인을 이해할 수 있고 타인들로부터 자신을 구별해 낼 수 있다.

우리 마음의 중요한 부분들인 인지와 정서는 공감과 함께 타인에 대한 이해 안에서 서로 얽혀 있다. 자아중심성은 우리 자신의 내면을 깊이 있게 들여다볼 수 있는 하나의 통로를 만들어서 어떤 감정이나 생각들을 내면화할 수 있는 초석은 마련될 수 있어도, 진정으로 자신을 볼 수 있는 능력이 아니기 때문에 자신을 잘 분석하고 이를 이해할 수 있는 노력이 선행되어야 하며, 이것이 타인과 어느 정도(정서적) 어떤 면(인지적)에서 차이가 있는지 친밀한 친구 간이나 신뢰감이 형성된 집단 안에서 언어로 노출시키는 연습과 훈련(행동적)이 필요하다. 자기를 잘볼 수 없고 자각할 수 없으면 타인이나 현실을 잘 인식할 수 없다.

(5) 구조화된 요구사항들을 지니고 있는 직업의 세계에 참여하거나 전
    문적인 훈련을 받는다.

 청소년기의 훈련을 통한 체험들은 추상적인 체계들로부터 현실체계
로 변하게 되는데, 이때 청소년들은 작업 장면들을 서로 복잡하게 상호
관련 있는 체계로 경험할 수 있으며, 이를 통해 현실의 욕구들과 목적
들이 작업자와 감독자들에게 적용된다. 이때 가설적인 체계들은 현실적
인 작업의 개입으로 수정된다. 즉 과거에 환상적인 이상이나 자신의 해
석이 옳다는 관점에서 좀더 현실을 고려할 수 있으며, 이상적인 개혁자
의 입장에서 무엇인가 성취하려는 사람으로 변화된다. 자신이 실제로
할 수 있는 것, 이루어지기를 소망하는 것과 사회가 원하는 것들을 구
별할 수 있게 된다. 자신이 모든 사람의 관심의 중심이 아니라는 현실
적인 청중이 발달할 수 있다. 이러한 과정에서 성격이 발달할 때 자아
는 점차적으로 탈중심화하며, 인생의 계획을 확신하고 사회적인 역할을
채택하기 시작한다. 특히 자율성의 지표로서 인생의 계획은 이 시기에
중요하다. 성격의 형성, 인생의 계획 확신, 성인의 역할을 채택하는 것
은 하나의 선상에 있으며 차후에 이러한 것은 청소년기의 탄력적인 사
고 변화와 관련이 있고 인지적, 정서적으로 객관적 관점이 발달한다.
작업장면과 아울러 조금은 덜 효과적이지만 어떤 일이나 단체 활동 경
험을 통해서도 자신의 환상적인 세계에서 현실을 파악하는 데 도움이
되며, 형식적인 일회성 활동이나 일들은 이들 시기에 비효과적이다.

(6) 많은 다른 동료들과 성인들과 함께 자신의 감정을 상세히 토론하는
    기회를 가진다.

 타인들 앞에서 대담하게 자신을 노출시키는 데는 솔직함이 요구되며
자신이 표현한 말들에 대해서 견고한 책임을 질 줄 알아야 한다. 책임

이란 자신의 행동을 있는 그대로 받아들이는 것이다. 이때 형식적인 토론보다는 보다 질적이고 자세히 나타낼 수 있는 장소와 분위기가 필요하며 이러한 토론의 과정을 통해 자신의 위치를 더 잘 평가할 수 있고, 다른 사람과 다른 관점들을 이해할 수 있다. 결론을 쉽게 내린다는 것이 얼마나 비효율적인지 시사하는 영역이다. 이때 청소년들은 자신의 생각에 대해 객관적으로 자신을 분석할 수 있는 능력과 자신의 주관성에 의문을 갖는 능력이 발달할 수 있다. 구조화된 집단상담과 비구조화된 집단상담을 결합하고, 이때 민감성 훈련을 병행하고 프로그램 처음 회기와 중간 중간에 변화가 첨가되면 학생들은 자신의 감정을 자각하기 시작한다. 대부분 기존의 청소년들을 위한 집단상담이 자기-이해와 수용을 촉진하기 위해서 기간도 짧고 개방성을 중요시하지만 이보다는 먼저 청소년들 자신의 이중적이고 양가적인 감정을 서로 만나고 이를 통합하는 방법들을 생각해야만 한다. 솔직성은 먼저 자신과의 만남에서 솔직함을 의미한다. 감정의 자각을 위해서는 먼저 충분한 자기-감정에 대한 자각의 과정을 거쳐야 하고, 이러한 과정을 거쳐 갈 때 타인의 감정과 현실에서 직면하는 상호작용 차원에서 이루어지는 감정을 분명하게 자각할 수 있다. 언어로만 잘하는 것이 아니라 몸의 움직임, 활동성이 포함된 프로그램 이어야 하며, 그러기 위해서는 토론과 활동의 경험들을 결합해야 된다.

   (7) 마음의 지식 안에서 현재 순간순간 충만히 체험할 수 있는 삶의
       의미와 목표를 설정한다.

있는 그대로 현재의 자신과 현실을 대면할 수 있는 힘이 있을 때 삶의 목표와 의미를 알아 갈 수 있다. 있는 그대로의 현재의 자신은 때론 열등하거나 모자랄 수 있고 어느 땐 분개하거나 잔인한 마음일 수 있고, 이런 마음과는 반대쪽에 있는 선한 마음을 사랑하고 기뻐하며

열정적이고 감사할 줄 아는, 즉 두 가지 서로 다른 마음을 받아들이는 것이다. 마음의 세계는 이렇게 일단 분열되면서 고통을 가져오지만 이와 동시에 세상인 현실과 타인을 향해 내던질 수 있는 힘도 생긴다. Frankle은 완전한 인간발달의 동기나 목표는 자기 내부에 두고 그것을 위해 투쟁해 나가는 것은 자아실현이 아니라 자기패배이므로 인간은 삶의 의미를 발견함으로써 자아초월의 상태에 도달하도록 노력한다. 심리적으로 건강한 사람은 자신에게 초점을 두는 것으로부터 초월한 사람이다. 완전한 인간이 된다는 것은 자기 자신을 초월하여 어떤 사람, 어떤 일과의 관계를 맺는 것이다. 청소년기의 탈중심화도 궁극적으로 인간이 추구해야 할 목표는 무엇인가에 조금씩 어떤 해답을 찾아가는 과정이라고 볼 수 있다. 청소년기의 인생 목적이 돈, 권력, 명예 그리고 쾌락일 경우 자신뿐만 아니라 사회에도 불행한 공동체를 형성한다. 타인과의 인간관계는 개인의 이익에 바탕을 두기 때문에 ‘정신적 공허감’ 또는 정신적 황폐가 뒤따르고 서로 간의 인간관계는 파괴된다. 이러한 상태가 지속되면 대부분의 청소년들은 개인 내부로 숨으려고 하고 겉으로 표현된 자기는 거짓자아(false self)의 한 축을 이루게 된다. 삶의 의미를 주는 진정한 자기(real self)가 어떤 것인지 생각하게 할 시기이다. 생각하고 상상하는 영역에는 그것이 심리적이든 물질적인 것이든 거침이 없어야 한다.

인간의 마음은 물질을 대표하는 몸과 정신으로 구성되어 있다. 완전하지도 불완전하지도 않으며 동물계의 특성뿐만 아니라, 인간성 그리고 영혼을 가지고 있다. 참된 자기 자신이 되면서 우리는 마음의 지식, 즉 자신의 몸과 정서, 인지와 행동이 주변의 환경(자기 이외에 주변에 있는 모든 것, 사람과 일을 비롯하여 만나는 모든 살아 있는 것과 사물들)과의 관계에서 아주 제한된 영역만 좋아하였다. 다양하게 자신을 비추어 볼 때 더 넓게 자신과 세상을 볼 수 있으며 이들을 껴안게 된다.

3. 분노(Anger)

　분노(anger)는 대부분의 사람들이 때때로 경험하는 감정이다. 분노는 강력할 정도로 힘이 있으면서도 우리가 좌절하고 자신과 타인 또는 일에 대해서 실망할 때, 괴로울 때 또는 괴롭힘을 당할 때 그리고 우리 자신의 몸과 정신의 안전에 위협이 된다고 느껴질 때 경험하는 건강하면서도 인간적인 정서이다. 대부분 학생들은 분노가 부정적이고 혐오적이면서도 괴로움을 주기 때문에 나쁜 감정으로 알고 있지만 분노가 건설적이고 효율적이면서 제대로 다루어질 때 실제로 도움을 주는 정서이기도 하다. 분노를 다루는 데 미숙하거나 실패하면 분노는 우리를 공격적이게 하여 비난이나 험담, 지나치게 요구하기, 욕하기와 신체로 타인에게 위해를 가하는 행동으로 나타나는가 하면 너무 많이 분노를 통제하거나 억압하고 있으면 분노가 몸과 정신 안에 남아 있게 되고 불편함을 지속시키면서 불안하거나 위축되고 매사에 수동적인 행동패턴을 만들어 낸다.

　따라서 우리는 분노를 이해하고 분노가 어떻게 우리의 마음, 즉 정서, 인지, 행동의 영역에 어떻게 영향을 미치고 있는지 그리고 어떻게 분노를 다루어야 되는지 살펴볼 필요가 있다. 특히 청소년기에는 신체의 변화와 함께 우울과 분노가 번갈아가면서 나타나며 학생들의 돌발적인 감정 표현, 즉 짜증이나 신경질, 좌절을 잘 견디지 못하고 자신을 미워하거나 비난하는 성향을 발달시키며 이를 더 힘 있게 하는 특성이 있어서 그 어느 때보다도 분노에 대한 이해와 다루기는 이 시기에 우울감정과 함께 중요하다.

1) 분노할 때 우리에게 무엇이 나타나는가?

(1) 신체와 정서반응

분노하면 마음이 불쾌해지기 전에 몸이 먼저 이를 알아차리고 반응하게 되는데, 심장박동수가 증가하여 더 많은 공기가 필요하고 아드레날린과 포도당은 우리 몸의 혈류를 통해 빠르게 움직이고 이동한다. 숨 쉬는 속도가 빨라지면서 혈압이 높아지고 근육은 긴장하게 된다. 이러한 몸의 반응은 자신과 세상 사람들과 일을 수행하는 데 있어서 불편함이 많아지게 되어 만족감을 상실하게 된다.

(2) 인지반응

몸의 긴장과 불편한 감정들은 생각에도 영향을 끼치는데 타인에 대한 생각은 비합리적이고 부정적인 자기 진술문이 많아지면서 인지적인 오류가 나타나 현재의 자극들을 제대로 인식하기가 어려워진다. 인지적 오류란 현실을 제대로 지각하지 못하거나 사실 또는 그 의미를 왜곡하여 받아들이는 것을 뜻하는 용어이다.

어떤 사람들은 현실과 그 현실에 대한 자신의 지각(또는 생각)을 동일하게 취급하는 경향이 있다. 즉 사실과 사실에 대한 자신의 주관적 해석을 혼동하는 경우가 있다. 더 나아가 객관적 사실과 거리가 멀게 주관적으로 그릇된 해석을 하는 오류를 범한다.

종종 이러한 인지적 오류는 자기비난의 도구로 쓰이며, 이는 인간 대뇌의 의식과 감각이라는 프로그램에 이미 내장되어 있어, 인지적 오류를 자각하는 데는 예민함이 요구된다.

우울과 함께 분노가 우리에게 가져다주는 생각의 고통은 다음과 같다.

분노가 우리 몸과 정신에 머물러 있으면서 우리 자신을 혼란의 늪으로 인도하면 감각이 경직되거나 지나치게 예민해져 있기 때문에 우리는 자신과 타인 그리고 자신이 하는 일 뿐만 아니라 주변의 사물과의 관계를 해치게 된다. 분노가 있으면 자신을 실패자나 패배자로 인식하기 때문에 주변에서 벌어지는 사소한 일들도 빠르게 결론을 내린다. 단정적으로 말하는 것이다. 단정적으로 빠르게 여유도 없이 결론을 내려 버리는 것은 양극화된 사고를 만들어 내는데 사람 간의 관계에서도 자신을 좋아하느냐 또는 자신이 좋아하느냐 그리고 자신이 싫어하느냐 또는 자신을 싫어하느냐 등과 같이 양쪽의 편으로 갈라지는 대극적인 사고를 가지게 된다. 대극적인 사고들은 짧은 시간에 힘을 몰아서 생각하기 때문에 자신과 타인 그리고 일에 대해 분풀이를 하고 싶어지며 이러한 과정은 반복된다. 분노가 자신을 향해 있을 때는 가슴의 중심 부분이 텅 빈 것 같은 내적 공허감이 많아지며 혼자 고립되거나, 이를 해소하기 위해 성이나 약물(담배나 술 등)에 탐닉하는 경우가 늘어난다. 아울러 타인의 마음을 정서적으로 받아들이는 데 어려움이 있고 자신을 위해 어떤 계획이나 판단을 하는 능력도 떨어지게 된다. 타인들은 우리 자신의 분노를 자극하는 인물로 부각되기 때문에 어떤 사람이든지 경쟁의 대상, 싸움의 대상, 험담의 대상이 된다. 자신에게 잘 해 주지 않는 사람들은 이렇게 분노의 대상 안에 머물면서 그 대상을 공격하게 된다는 의미이다. 아울러 자신이 하는 일들이 어떤 뚜렷한

업적을 남겨 주지 않으면 사람과의 관계처럼 쉽게 포기하고 이런 일 저런 일을 하다가 '아무것도 할 수 없는 자신'을 만들어 낸다. 자신이 이렇게 된 것은 부모를 비롯한 타인이며 일이라고 생각하게 된다. 분노는 우리의 생각들을 빠르게 움직이게 한다. 분노는 우리 자신의 몸도 거세고 날카롭게 가꾸기 때문에 예민한 감각들은 타인의 마음에 함부로 침입하여 사실은 그렇지 않은데도 불구하고 모든 것을 자신과 관련지어 확대해서 해석하게 된다. 어떤 상태의 '나'이건 '있는 그대로의 나'를 받아들이려는 대담한 용기가 없는 '나'는 늘 불행하다고 생각한다. '부족한 나'이어서 행복한 느낌을 갖기 싫은 것이며 도망가고 있는 것이다. 이제부터 도망가고 있는 분노를 잡아보자.

2) 분노 다루기

분노는 우울로부터 나타나며 강하고 힘차게 느껴지기 때문에 파괴력을 가지고 있으면서도 에너지이기 때문에 제대로 잘 다루면 자신의 어

두운 영역까지도 모험하려는 의지가 발달하며 주장적이게 된다. 분노는 파괴자이면서 동시에 치유적인 힘을 가지고 있는 양면적인 인격체이다. 특히 두려움은 내부로 향해 있는 에너지이며 수동적인 정서로 불안하게 하지만 분노는 바깥쪽으로 향하게 하는 공격적인 정서이다. 분노가 언어와 행동으로 표현되는 것을 "공격성"이라 한다.

분노하게 하는 가장 공통적인 원인은 좌절(frustration)이다. 좌절은 우리를 우울하게 하고 통제력을 상실하게 만든다. 분노는 우울과 함께 존재하면서도 그 힘을 강하게 하고 분노가 자체적으로 가지고 있는 표현하려는 강한 의지 때문에 자신과 타인 또는 세상을 향해서 거세게 내던져질 수 있게 한다.

분노의 두번째 원인은 우리의 안전감을 위협하는 상황, 사건 그리고 사람들로 하여금 상처받기 쉬운 마음을 가지게 한다. 분노를 감각기관인 목과 마음에 가지고 있는 사람은 자신도 힘들 뿐만 아니라 타인에게 치명적인 상처를 오염시킨다.

분노를 효율적으로 표현하고 다루는 방법은 다음과 같다.

(1) 분노를 진정시키고 분노의 흐름을 인지하기

먼저 분노하게 되었다는 것을 받아들이고 분노하게 될 때 어떻게 하였는지 어떤 반응들이 있었는지 알아야 한다. 생각하는 것을 멈추고 있는 그대로 분노를 받아들이는 것은 대단히 중요하다. 신체의 평화가 깨지면서 혼동으로 몰아가는 분노를 다루기 위해서는 먼저 분노의 흐름을 감지하고 있는 것이 필요하다. 마음의 밑바닥에 숨어 있던 분노가 의식의 표면으로 떠오르면 몸의 반응이 격해지고 불안하며 행동이 빨라지면서 생각하는 힘을 마비시킨다. 분노가 거칠어질 때 생각하는 것이 얼마나 위험한 것인지 인지해야 한다. 분노를 진정시키기 위해서는 두 가지 방법이 있다.

하나는 분노가 너무 강하게 부각되면서 혼란스러울 때 가장 치열한 내적인 전쟁이 시작될 때이다. 이때는 너무 내적인 싸움이 격해지면서 생각의 힘이 마음의 밑바닥으로 밀려나는 과정 중에 있어서 분노감정이 말하고자 하는 것들을 하나하나 격하게 읽어 내야 한다. 때론 잔인한 것, 본능적인 것, 동물적인 것, 파괴적인 것들조차도 분노감정의 핵심과 일치하는 언어들이 하나하나의 단어들로 부르게 된다. 분노감정이 생각하는 극단의 모습 안에서 우리는 우리 자신이 그동안 생각지도 못한 잔인하고 동물적인 특징들을 발견하고 놀라게 된다. 그 시간의 자신의 모습은 있는 그대로의 솔직한 '나'이다. 분노감정이 격해지면 먼저 어떤 힘을 발휘해서 대응하기 어려워진다. 대부분의 사람들이 이 지점에서 무너지게 되고 사악해지는 것이다. 분노감정을 다루기에 앞서서 그 분노감정을 미리 읽어 주는 생각의 과정이 함께 치열하게 진행되어야 한다. 물론 깊이 있게 아랫배까지 숨 쉬는 것은 잊지 말아야 한다. 이러한 과정은 어떤 사람은 하루에, 어떤 사람은 며칠씩 걸리는 경우가 있어서 성급한 분노감정의 흐름을 단 한번에 차단하려고 하면 더 거세게 분노가 밀려올 수 있다.

특히 분노감정을 무조건 억제하거나 하나의 강한 압력으로 작용하는 분노를 수다 또는 험담이나 술, 기타 스트레스 해소를 위한 어떤 행동으로 옮길 때 우리 자신은 미래의 동일한 상황에 봉착하게 되고 똑같은 행동이 반복된다. 이렇게 반복되는 행동을 먼저 관찰할 수 있어야 하고 그 흐름을 현재의 행동으로부터 과거의 근원까지 침입해 보아야 한다. 이러한 과정 안에서 우리는 분노를 다루고 분노를 견뎌낼 수 있는 힘을 얻을 수 있으며 이것으로부터 세상을 만족스럽게 살아갈 수 있는 모험적인 힘을 얻게 된다.

또한 건전한 운동이나 활동도 분노와 같은 격한 감정하에서는 편안한 감정을 느끼게 하기보다는 불쾌감을 더 증가시킬 수 있다. 분노는 먼저 몸에 달라붙어 있어서 거칠어진 숨소리들을 조용하게 해야 하고 그 몸에 달라붙어 있는 불편한 감정들을 하나하나 진정시켜야 되기 때문이다.

(2) 분노를 유발시키는 단서와 상황 구별하기와 '그만 멈춰(stop)' 훈련

분노를 일으키는 주변의 단서들(예를 들면 근육이 전체적으로 긴장되는 것, 꽉 다문 입술이나 꽉 쥔 주먹 등과 같은 신체적인 감각의 단서들)과 상황(예를 들면 고음의 목소리, 소음, 산소가 부족한 답답한 공기, 반복적인 소리(잔소리), 부모님의 이혼이나 싸움, 시험성적, 실패한 상황, 친구와의 말싸움, 부모 또는 친구와의 헤어짐 등)들을 생각하면서 현재 자신에게 일어나고 있는 것이 무엇인지 투명하게 규명하고 이러한 문제에 자신이 어떻게 반복적으로 반응하고 있는지 그리고 과거의 그대로 행동하였을 때 자신과 상대 또는 일 등에 어떤 결과가 나타나고 지속되는지 깨달을 때 분노를 다루는 힘들이 나타난다. 즉 분노할 때 신체에 느껴지는 감각과 함께 주변 상황을 동시에 둘러보아야 한다는 의미이다. 분노를 느낄 이러한 과정에 대한 구별은 자신에 대한 깨달음을 줄 수 있으며 이때 중요한 것은 숨을 깊게 아랫배로 천천히 들이마시는 이완훈련이 필수적이다. 몸이 편하지 않은 상태에서 어떤 것을 기억하거나 생각하는 것은 자신에게 더 많은 부담을 주게 되며 일의 능률도 오르지 않는다. 답답한 마음만 더 증가될 뿐이다.

너무 힘든 분노 감정이 밀려오면 큰 소리로 "그만 여기서 멈춰"라고 소리쳐 본다. 속으로 말하지 않고 밖으로 큰 목소리로 외쳐본다.

(3) 타인과 개방된 관계의 회복

분노는 자신뿐만 아니라 타인과의 관계를 파괴한다. 파괴하는 것처럼 분노에 대한 깨달음, 즉 분노를 통해 자신이 알게 된 것들에 대한 깨달음이 있으면 그만큼 치유하는 힘도 강하게 나타난다. 분노감이 타인으로 행하면 폭력행동이 나오고 타인을 잔인하게 다루는 공격적인 쾌감을 느끼며, 대부분 일상생활 안에서 폭력을 행사하는 사람들은 이러한 공격적인 쾌감 때문에 폭력행동을 멈추지 못한다. 이미 자신의 마음 안에서 다루지 못한 것은 타인을 향하게 된다. 아울러 분노가 자신의 내면 안에 머물러 있으면 자신의 모든 능력과 재능을 더 이상 움직이지 못하게 하고 이를 멈추게 한다. 두 가지 모두 마음의 병으로 타인과 관계를 힘들게 한다. 타인과 관계하는 데 분노가 특히 강한 사람들은 힘 있는 내적인 모습과는 다르게 타인과 적극적으로 관계하지 못한다. 이를 회복할 수 있는 방법은 다음과 같다.

사람은 태어나면서부터 우리는 타인과 관계하면서 성장한다. 맨 처음에는 어머니와 부모 그리고 기타 삶에 있어서 중요한 친구나 사람들로부터 사랑과 믿음, 고통에 대한 견딤을 통해 그 사람에 대한 내적인 인간과 깊은 공감의 세계 안에서 심리적인 성장의 토대를 닦아 나간다. 대부분의 사람들은 자신이 마음을 타인과 나눌 때 기분이 좋다는 것을 잘 알고 있다. 분노가 잘 다루어지면서 우리는 타인에게 자신의 마음을 열 수 있는 의지를 소유하게 된다.

개방이란 무엇을 의미하는가? 우리 내부에 있는 내적인 사람(inner person)의 어떤 것들이 타인과 의사소통하는 방법으로 자기 자신에 대해서 말하려고 하는 시도는 개방하는 한 가지 방법이며 적어도 개방하는 것에 대해서 생각하는 것이다. 여기에서 우리 내부에 있는 내적인 사람은 여러 가지 다양한 생각과 감정을 가지고 있는 복잡한 사람이다. 다른 사람과 함께 자신의 내적인 감정과 생각을 나누길 바라는 것은 개방하는 한 가지 방법이다. 개방한다는 것은 타인을 초대한다는 것이다. 자기 자신에 대해서 나눈다는 것은 타인이 우리의 마음으로 들어오게 하여 우리 자신과 함께 접촉하게 만든다. 또한 개방한다는 것은 어려운 것이며 우리를 상처받기 쉽게 만들 수도 있고 심리적으로는 발가벗는 것이며 항상 불안하게 만들 수 있게 한다. 그러면서도 개방한다는 것은 타인이 우리가 어떻게 생각하는지 우리가 어떻게 느끼고 무엇을 믿고 있는지에 대해서 이해할 수 있도록 한다. 그러면서도 어느 때는 타인이 기대하는 것에 걱정하게 되어 우리 자신의 생각과 감정을 감추곤 하며 타인에게 우리 자신이 알려지고 받아들여지는 부분에서는 타인에게 마음의 문을 닫아걸기도 한다. 우리는 종종 우리가 타인에게 개방되지 않으면 우리 자신을 충만히 수용할 수 없다고도 이야기한다. 즉 우리는 우리 자신의 생각과 감정을 말하고 표현하는 것에 대해서 거부한다는 의미이다. 개방한다는 것은 우리 자신이 분개하는 것, 우리 자신에 대해서 상처받은 정보들에 대해서 더 솔직하고 개방적이어야 한다는 것이다. 개방적이라는 것은 지금 여기에서 솔직해지는 것을 말한다. 또한 모든 상황에서 모든 사람에게 완전히 개방적이라는 것은 부적절하다. 우리는 부모나 친구에게는 더 개방적이지만 기타 자신에 대해서 잘 알지 못하는 사람에게는 그렇지 못하다. 어떤 사람들은 개방적인 것에 대해서 불편해하는 사람도 있다. 개방은 우리 자신의 외적인 세계를 내적인 세계와 유사하게 만드는 것이다. 개방하는 데 있어서 주의해야 될 것은 한꺼번에 너무 많은 영역이 언어를 통해 밖으로 표현된다는 것이다. 이럴 경우에는 자신에게는 실망감이나 대인관계 위축을 가져올 수 있고 타인에게 상처를 줄 수 있어서 타인에게는 우리 자신이 부담되거나 불편한 존재로 기억될 수 있다.

개방한다는 것은 다른 사람들이 그들 자신에 대해서 이야기하는 것과 나누는 것들에 대해서 열려 있는 것을 의미한다. 타인이 그들 자신의 감정을 나누는 것들과도 열려 있어야 하기 때문에 타인의 내적인 감정과 생각들에 대해서 민감해지면서도 제대로 듣는 기술을 학습해야 한다. 기초적인 개방된 자세는 다음과 같은 세가지 방법이 있다.

먼저 우리는 우리 자신의 행동이 바깥쪽의 행동과 같아야 된다. 즉 행동은 우리들의 감정과 생각과도 일치해야 된다는 것이다. 두번째는 감정에 주의를 기울인다. 어떤 것에 대한 생각이나 견해를 말하는 것은 쉽지만 타인과 어떤 감정을 나누기는 어려움이 많다. 우리 자신이 먼저 무엇을 어떻게 느끼고 있는지 타인과 관계하기 전에 살펴보아야 한다. 평소에도 몸의 감각상태나 느낌에 관심을 가져 보는 훈련이 필요하다. 감정에 주의를 기울이면서 부드럽게 타인을 향해 내던져지는 과정 이면에는 먼저 우리 자신의 긍정적이든 부정적이든, 사랑스러운 것이든 잔인한 것이든 다양한 감정에 대한 이해가 필요하다. 감정에 대한 개방은 그것을 완전히 표현하는 것이라기보다는 자신과 타인에게 불편하지 않아야 된다는 것이다. 세번째는 의문문을 설명문으로 바꾸는 연습이 필요하다. 예를 들면 당신은 나와 함께 있는 것이 좋습니까라고 질문하는 것보다는 나는 당신과 함께 있어서 행복합니다와 같이 하나의 문장으로 표현하는 것은 자신의 감정과 생각을 더 구체적이고 분명하게 상대에게 전달할 수 있으며 타인과 우리 자신의 감정이나 생각을 받아들이는 데 어느 정도 여유를 가지고 대화할 수 있다. 타인이 우리에게 얼마나 개방되었는지 알아볼 수 있는 수준은 우리가 타인에게 어느 정도 열려 있느냐와 비례한다.

(4) 자기 - 진술문

  우울은 내적으로 공허해서 힘들고 분노는 참아야 된다는 믿음 때문에 견디기 어려운 감정이다. 분노가 입을 통해서 맨 처음 나오는 것은 짜증이나 신경질이다. 어느 때는 이러한 분노가 신체나 언어로 타인에게 치명적으로 상처 주는 말들로 무서운 무기가 되어 공격하게 된다. 한 번 쓴 무기는 습관화되는데 어느 땐 이러한 반응에서 쾌감을 느끼는 사람, 즉 폭력적인 사람이 된다. 분노는 우리가 주변 환경과의 관계가 불편하다는 신호이다. 자기-진술문은 분노감정을 다루는 지혜로운 방법으로 분노를 타인이나 일 또는 대체물(나무나 인형 등)에 표현해서 완전 방출시키는 것이라기보다는 분노 자체를 읽어 주는 것이다. 대부분 잔인한 것들, 무시하고 싶은 것들, 파괴하고 싶은 것들, 분열시키고 싶은 것들이다. 자신이 이렇다고 읽어 내는 것이다. 아울러 타인에게도 당신이 어떻다고 이야기하는 것이 아니라 '내가' 이렇다고 말하는 것이다. 결국 분노는 자신과의 싸움이다. 정확하고 제대로 읽어 내면 '내가' 이렇다고 말할 때마다 분노감정이 날카로움에서 잔인함에서 서서히 안정되게 된다. 타인과 인간적인 이야기를 가장 진실하게 할 수 있는 시간과 공간을 우리 자신이 만들어 내는 것이다. 자기-진술문은 우울과 불안한 경우에도 치료적인 도움을 준다. 우리 자신을 분노하게 하는 것과 마찬가지로 우리를 우울하고 두렵게 만드는 그것들을 읽어 내는 것은 치료적이며 영성적인 변형을 가져올 수 있다. 대부분 어떤 일이 생기면 '어떻게 하지'에 대해 제대로 응답받아 본 적이 있는가? 아마 누구도 '그렇다'라고 대답할 사람은 소수일 것이다. 그만큼 우리는 어떤 문제에 대한 대처에만 몰입되었다. 행동으로 나타나기 전에 마음을 읽어 주는 능력은 무엇을 해야 할지 지름길로 우리 자신을 인도한다. 분노를 읽어 주는 것은 우리 자신을 솔직하게 하는 것이다. 무엇 때문에 화가 났는지 깨닫기 전에 우선 분노의 진실을 알아주는 것이다. 분노의 진실을 알아 줄 때 왜 화가 났는지 그리고 이러한 화를 통해 우리가 경험하는 것이 무엇인지 알아차릴 수 있고 건강한 분노였다면 스스로가 자유롭고, 자신과 타인과의 관계를 해치는 반복된 분노였다면 우리는 그 고리들을 끝낼 수 있게 된다. 분노가 내 삶의 주인이 아니라 나 스스로가 내 삶의 주인이 된다.

4. 불 안

─두려움(fear)─

불안은 분노가 잘 다루어지지 않아 내부에 그대로 남아 있어서 가까운 사람이나 일에 대해 주기적으로 분풀이를 하였을 때 아무런 증거나 원인도 없이 늘 어떤 두려움이 있는 것을 의미한다. 처음에는 스스로가 대적할 수 있다고 믿다가, 반대로 그 대상을 보고 힘없이 자신을 발견할 때 느껴지는 정서이다. 불안은 아동기에는 부모와 떨어지지 않으려는 행동으로 나타나는데, 학교 등 사람들이 많이 모이는 장소나 주변에 사람들이 가까이 있는 것에 대한 기피, 교실과 같은 밀폐된 공간이나 높은 장소에 대한 공포 등을 예로 들 수 있다. 어떤 경우에는 반복적으로 손이나 다리를 주기적으로 떠는 등 몸의 상태도 그 불안감을 나타내 주기도 한다. 이러한 이유 없는 두려움을 잘 살피지 않고 오랫동안 지속되면 "당신은 무엇을 두려워합니까?"에 대한 물음에 분명하게 대답할 수 없다. 물론 알았다 하더라도 대부분 자신이 만들어 낸 두려움에서 이유 없이 도망가게 된다. 괴물과 같은 모습의 두려움은 우리 자신이 만들어 낸 것이라는 책임을 스스로가 깨닫게 될 때까지 말이다.

두려움은 우리를 해롭게 하는 어떤 것들로부터 주의를 갖도록 하는 합리적이고 적합한 감정이다. 우리가 실제로 어떤 위험을 감지하면 두려운 상황을 평가하고 볼 수 있는 능력이 있다. 두려움에서 가장 문제시되는 것은 '비현실적인 두려움'이다. 두려워할 만한 상황이나 사건 그리고 사람들이 없는데도 불구하고 긴장하고 초조하거나 어떤 불행 또는 재난이 자신에게 다가오고 있다는 감정에 지나치게 몰입하고 있어서 자신이 보기에는 잘 생각하고 있고 다루어 보고 있는 것 같지만 불안한 감정의 덫에 걸려 있는 자신을 알게 된다. 이와 같이 비현실적인 두려움을 극복하는 전략은 다음과 같다.

(1) 무엇이 두려운지 결정해야 한다

두려움을 다루는 첫번째 단계는 자신이 무엇이 두려운지 정확하게 결정하는 것이다. 무엇과 내면 안에서 싸우고 있는지 그 범위와 대상을 좁혀서 그것의 정체를 확인해야 한다. 왜냐하면 두려움의 대상이 모호해질 수록 두려움은 더 커지기 때문이다. 예를들어 "나는 사람들이 두렵다"라고 말하는 것만으로 충분하지 않다. 어떤 종류의 사람을 두려워하는지, 남자인지, 여자인지, 싫어하는 사람은 누구인지에 대해서 알아야 한다. 또한 스스로에게 내가 두려워하는 사람들은 어떤 상황에 있는 사람들인지, 집단인지, 소규모의 사람들인지, 친밀한 사람들과 함께 있을 때인지에 대해서도 질문을 던져 보아야 한다.

 우리가 스스로 무엇과 싸우고 있는지가 분명해진다는 것은 다음과 같은 두 가지 이유에서 필요하다. 먼저 두려운 상황들과 결합된 모든 활동을 과승일반화하기 때문에 다른 활동들을 통해 기쁨을 느낄 수 있는 것까지도 박탈당하게 되기 때문이다. 두번째는 몇 가지 작은 부분이라기보다는 우리 자신의 힘들을 실제적이고 본질적인 문제를 해결하는 데 집중하기 위해서이다. 우리가 두려워하는 것을 좀더 분명히 규정하기 위해서 '내가 실제로 두려워하는 것은 무엇인가'라고 질문해 보면서 그 상대 또는 대상, 상황에 대한 구체적인 정보를 얻어야 된다. 정확하게 자신이 두려운 것이 정의되면 이를 가장 가까운 친구에게 말해 보는 것인데 이렇게 되면 두려운 상황들이 덜 두렵게 된다. 아무거나 많이 말하는 것이 아니라 제대로 두려운 것을 정확하게 스스로에게 설명하는 것이다. 몸을 편안히 하면서 스스로가 도망쳐온 두려움의 정체들을 직면하는 이완 훈련도 도움이 된다.

  (2) 자기 자신에게 스스로 말하는 것을 자각한다(자기-말: self-talk)

 두려움을 다루는 두번째 단계는 자기 자신에게 두려운 것을 타인에게 말하기 전에 스스로에게 미리 말하는 것이다. 대부분 우리 자신은 많은 것을 자기 자신에게 이야기하고 있다는 사실을 깨닫지 못한다. 우리 자신은 침묵 속에서 이야기하며 이것이 우리 자신을 더 많이 두렵게 한다.

예를 들면 만약 당신이 시험에 실패하는 것이 두렵다면 이것에 대하여 당신 자신에게 이야기하고 있는 것은 무엇인가에 대하여 생각해 볼 수 있다. 우리 자신에게 스스로 이야기하는 것이 무엇인지에 대하여 깨달아야 된다는 의미이다. 무의식적으로 우리 자신의 몸과 마음이 상상된 재난이나 불행과 만날 수 있도록 준비하는 스트레스 유형에 집중되어 있다. 이를 위해 우리는 우리 자신에게 자기-말을 올바르게 사용해야 한다. 즉 무엇이든지 할 수 있다, 사랑한다, 믿는다는 구호나 소리보다는 자기 자신에게 어떤 부분이 두려운지에 대해서 구체적으로 이야기하고 사랑한다, 믿는다, 할 수 있다 그리고 극복할 수 있다 등과 같은 말들이 함께 병행되어 문장을 이어간다면 두려운 자극들이나 상황 그리고 사람들에 대한 두려움을 다룰 수 있게 된다.

(3) 이완훈련과 함께 두려운 자극들이나 상황 그리고 사람들을 상상하기

불안하고 두려우면 우리의 몸은 긴장하고 경직되어 있어서 아무리 아름다운 생각이나 결정을 하려고 해도 잘 되지 않고 불편감이 지속된다. 이때는 깊이 숨 쉬는 반응이 도움이 될 수 있는데 심리학적 치료기법에는 깊은 숨을 쉬면서 평화로울 때, 몸이 긴장에서 서서히 진정될 때 두려운 자극이나 사람 또는 상황들을 순서대로 차례로 떠올리는 과정 안에서 두려운 자극으로부터 자유로워진다. 평소에는 가만히 있다가도 걱정이 있으면 이를 생각하고 대결하며, 평화로울 때는 자신을 무방비 상태로, 아무런 걱정이 없을 것이라고 확신하지만 바로 이럴 때가 가장 자신의 내면을 관찰할 수 있는 중요한 기회이다. 두려움은 외부에서 오는 것이지만 두려움을 더 강하게 하는 것은 우리 자신 때문이다. 특히 우리 자신을 더 두렵게 만드는 것은 '~해야 한다'는 내적인 문장이다. 잠시도 쉬지 않으면 불안하기 때문에 어떤 일을 만들어 내고 여러 사람들을 쉴 틈 없이 만난다. 평화로운 시간이 자신에게 찾아올 때 그것은 바로 자신

의 내면의 깊은 방, 즉 두려움의 방을 조금씩 열어 보일 때이다. 일상생활에서 불편하다고 느끼는 두려움들과 수시로 만나고 버리면서 우리는 '내적인 평화의 방들'을 많아지게 한다. 이러한 평화의 방들은 서로 다른 극단의 성격들을 하나로 엮어갈 수 있는 있는 '일치의 길'이기도 하다.

(4) 두려움 속에 감추어진 의미들

어떤 두려움을 가지고 긴장하고 초조하며 위축되는 것은 스스로가 우리 자신의 것을 거부하고 저항하고 있는 상징적인 모습들이다. 두려움은 외부의 충격적인 경험을 통해서 우리 마음에 내적으로 만들어진 투사물이며 이미지이기 때문이다. 그러한 투사물은 늘 흉측하고 무서우며 어느 땐 낮보다는 밤에, 어둡고 음침한 곳에서 더 잘 나타난다고 보거나 물러가라고 기도하곤 한다. 우리는 우리가 무섭고 두려워하는 투영물을 잘 살필 필요가 있다. 상징과 의미로 보이는 또는 느끼는 것들 속에 우리가 가장 근원적으로 두려워하는 믿음들이 깔려 있기 때문이다. 우리가 잘 만나야 하는 것은 있지도 않은 사실을 마치 그런 것이라고 우리 자신에게 불어넣은 믿음들이다.

잘못된 믿음은 우리를 더욱 두렵게 하여 자신을 두렵게 하는 것은 외부에 있다고 믿게 한다. 외부에서 다가오는 것이라고 믿으면 어떻게 해서든지 없애려고 한다. 물론 자동차가 달려오는 길에서는 피해야 산다. 심리적인 영역에서 무서운 것들은 사람이나 사물 또는 동물이나 어떤 건물 등일 수 있으며 개인마다 두려움의 정도나 내용 또는 영역에서 차이가 있지만 그 기본 믿음은 유사하다. 모호한 연기, 흉측한 모습이나 이미지들을 만나면 그 연기가 걷히고 믿음의 정체를 드러낸다. 우리가 무서워하는 것은 나타난 이미지 또는 사람, 동물이라기보다는 우리 자신이 스스로 규정한 믿음들이며 제대로 된 믿음으로 바꾸어 놓을 때만 두려움에서 자유로워질 수 있다. 이 방법은 그냥 앉아서 어느 때 생각으로 갑자기 된다기보다는 우리가 두려워하는 투사물이나 이미지를 통해 가능하다. 불안 속에 느껴지는 두려움을 초대하여 그 두려움의 본질이 나타날 때까지 우리는 우리 스스로에게 거짓이 없어야 한다. 거짓 없이 우리 자신에게 두려워하고 있는 것을 받아들이고 솔직해지는 것이다. 두려움의 이미지들 속에서 들여오는 내면의 소리를 기꺼이 들어 보는 것만으로 치유될 수 있다.

(5) 그대로 앉아서 몸의 움직임을 멈추어 명상하기

우리에게 두려움과 같은 불안이 강하게 느껴지면 우리의 몸은 흥분하거나 움직임이 불편하고 힘이 가며 부자연스럽게 된다. 어떤 때는 특정한 신체 부위, 즉 발이나 손 또는 온몸 전체 등이 떨게 되며 신경학적인 이상이 없음에도 불구하고 몸이 굳어지기도 한다. 우리는 습관적으로 무엇을 느끼고 이를 생각하지만 멈추어 충분히 느끼지 않으면 우리의 불안을 알아차릴 수 없게 된다. 숲 속의 계곡이 아니더라도 조용히 가장 편안한 곳에 앉아 깊고 편안한 호흡 가운데 가장 깊이 있게 떨리고 흔들리며 반응하는 신체 부위에 집중해 본다. 그 신체 부위에서 아니면 온몸에서 전해 오는 감각의 의미를 들어 보는 것이다. 예를 들어 스트레스를 받으면 신체가 놀라고 견딜 수 있는 힘을 초과하기 때문에 소화가 안 되고 두통에 시달린다. 우리 신체의 위와 머리가 무엇을 이야기하고 있는지 듣는 것이다. 몸이라는 물질 속에서 심리반응을 알아차리는 것이다. 무엇이 소화기관인 위를, 머리를 힘들게 하는지 아는 것만으로 우리는 반복되는 고통을 줄일 수 있게 된다.

(6) 이미지(image)를 활용한 불안 다루기

불안한 것들이 많으면 우린 그것으로부터 자유롭고 싶지만 불안감은 더 족쇄처럼 다가온다. 두려운 대상들은 조용히 있다가도 불안감을 유발하는 유사한 상황이나 사건 그리고 사람과 동물 등을 만나게 되면 다시 원래 우리가 가지고 있던 불안감이 가슴으로부터 밀려오기 시작한다. 이미지를 활용한 불안 다루기는 불안감을 느끼기 전에, 우리의 의식이나 자아가 삶을 다루어 나가는 시간 동안에 미리 우리 자신이 불안하고 경험이나 느낌은 덜 하겠지만 두려운 대상들을 투명하게 상상하면서 우리 자신과 두려운 대상 간의 중간지대에서 경험하는 것들을 언어화하는 것이다. 불안한 대상들이 규정되면 그 대상들은 희미하게 떠오르겠지만 그때가 바로 우리가 다루어야 할 것들이다. 멈추지 않고 생각하며 마음속에 더 명료해질 수 있도록 생각으로 그리는 과정은 불안하고 두려운 대상들을 조금은 쉬운 방법으로 만나는 것이다. 이러한 과정은 치유 전의 길로 인도한다.

(7) 두려운 대상과 대화하고 그 대상에 책임지기

두려운 대상들은 우리 자신이 만들어 낸 것들이다. 그래서 처음에는 괴물처럼 무섭지만 이 대상을 다루고 나면 순한 양처럼 변하게 하는 것은 또한 우리 자신이다. 어떤 누군가가, 아니면 우연히 무엇을 보다가 두려운 경험을 하게 되면 그것은 우리가 무서워하는 대상이 되고 사람이 된다. 과거에는 분명하지 않거나 잊어버린 것이지만 그 대상은 소리 없이 우리가 무서워하는 대상이나 사람들을 더 투명하고 명료하게 떠오르게 한다. 누구의 책임인가? 그리고 누가 이러한 두려움에서 해결의 힘을 줄 것인가? 대부분 우리들은 두려움 대상이나 사람이 떠오르면 그것을 없애 버리기 위해 안간힘을 쓴다. 어떤 사람이 또는 어떤 대상이 무엇을 말하기도 전에 거절해 버리는 것이나 마찬가지이다. 그 사람 또는 대상이 무엇을 말하고 있는지 알려면 두렵고 때로는 고통스럽지만 기다려야 한다. 두려운 그 사람과 대상이 무엇을 말하려고

하는지, 떠오른 의미는 무엇인지 서로 대화를 주고받으면 우린 우리 자신이 정말 두렵고 무서운 것의 정체를 알 수 있다. 지금 자신을 괴롭히는 두려운 것들은 '어떤 의미'를 가지고 있는 것인데 대부분 자신의 성격이나 행동 또는 정서와 관련 있는 것들로 그 정체들은 어떤 책임을 요구한다. 그 책임의 근본 뿌리는 우리 자신이다. 우리 자신의 모습을 그동안 많이 거부해 왔다면 우리는 우리 스스로의 힘을 소진시키고 있는 것이다. 책임은 있는 그대로의 우리 자신, 우리가 지금 두려워하고 있는 것 그대로의 나를 받아들이는 것이다. 어떤 무기를 가지고 어떤 해결책을 가지고 그 두려운 것들과 대항해 온 우리가 지금까지 두려운 적들과의 싸움에서 패배한 이유는 이렇게 간단하다. 대범하게 자신의 두려움을 있는 그대로의 우리 자신의 한 부분으로 받아들이자 과정은 우리가 승리할 때, 우리는 마음의 평화를 얻는다. 일반적으로 불안한 사람은 긴장과 초조감을 느끼는데 이때 많은 에너지가 투입되어 쉽게 피로하고 여유를 갖고 쉬어도 더 피곤하다는 것은 무엇을 의미하는가? 청소년들은 하루하루가 몸의 충동과 함께, 해야 될 공부나 진로, 친구관계나 성격 등의 어려움으로 의기소침하거나 위축될 때가 많다. 마음의 상태는 근육이나 신경 등의 활동까지 위축되게 만든다. 약간의 긴장은 자극이 되지만 그 순간이나 지점을 알기에는 아직 자신에 대한 지식들이 더 필요하다. 그대로 내버려 둔 그 긴장이 우리의 매 순간을 불편하게 한다면 자신감이나 자존감까지 상처를 줄 수 있다. 우리는 매 순간 우리 자신을 두렵게 하는 것들과 대화하고 그것을 있는 그대로 받아들이는 힘을 발달시킨다면 두려움의 올가미에서 자유롭게 되고 자신에 대한 지혜를 가지게 된다. 예를 들면 발표할 때 다른 사람들 앞에 서는 것이 두려운 사람들은 떨고 있는 자신을 그대로 인정하면서 말하는 것이다. 시험 때문에 두려운 사람들은 시험 날만 다가오면 동일한 증상을 보이는데 시험에 이끌리는 자신을 보게 된다. 시험이 스스로에게 부담되고 자신 없으며 어느 때 노력한 만큼 나오지 않아 비관적이란 자신의 모습을 받아들인다면 우린 더 큰 능력을 발휘할 수 있을 것이다. 물론 고통을 대담하게 초대할 수 있는, 그래서 새로운 경험을 하여 마음의 밭을 옥토로 만들 생각을 하고 있는 사람들에 한해서이다. 두려움과 대화하고 이를 책임지는 일을 중간에 대충하다가 중지한다면 미래에도 힘이 들면 쉽게 포기하지만, 자신과 대화하는 데 인색하지 않고 허용하면서 이를 책임진다면 그 두려움은 용기와 의지 있는 모습으로 변화될 것이다. 용기와 의지는 자연 그대로 얻어지는 것이 아니라 우리 자신의 경험 안에서 태어나는 것이다.

청소년기 가면 우울증에 대한 영역과 자아중심성 그리고 자기수용과 자기-거부 영역에서는 I. B. Weiner(1975), *Depression in Adolescence*, ed. by. F. F. Flach(New York: Wiley), Elkind, D.(1967). Egocentrism in adolescence. *Child Development*, 38, 1025-1034와 Hurlock, E. B.(1978). *Child Development*. Prentic-Hill, Frankle의 실존치료를 참고하였다.

5. 가슴에 사로잡힌 올가미 풀어놓기

머리에서 움직이는 생각과는 다르게 가슴에서 느껴지는 감정이 다를 때 "혼란"이 시작된다. 머리가 가슴의 이야기에 눈을 고정시키기 위해서는 일정한 훈련과 지식이 필요하다. 가슴의 이야기는 양극성이 서로 대립되는데 평화진영은 기쁨과 사랑, 자비와 감동이, 광야진영에서는 우울과 절망, 분노와 공격성, 그리고 불안을 비롯한 두려움과 공포가 서로를 향해 진을 치고 있는 군대와 같다. 머리는 이렇게 두 진영사이의 팽팽한 긴장감안에 놓여 있는 지휘관이다. 머리인 지휘관이 자신의 이해력과 판단력이 흐려지면 광야진영에서 거칠고 불쾌한 감정들이 평화

진영을 사정없이 도륙하게 된다. 가슴
의 광아진영에 사로잡힐 때 우울증,
분노와 공격성을 비롯한 신체와 언어
적인 폭력, 그리고 대인예민성과 강박
증을 비롯한 불안과 공포감이라는 올
가미에 걸려든다. 아룰러 평화진영이
선을 향해가는 것은 사실이지만 광야
진영을 무시하거나 이 진영으로부터 도
망갈 때 평화진영은 사랑과 자비가 독
이 되어 보래의 참뜻을 잃어버리고 무
감각 내지는 냉정한 인간상이나 흥분
하고 늘 감각적인 것만 찾아 이리저리

해매일 때가 많아진다. 평화진영의 참뜻을 기억하기 위해서는 광야진영
의 불쾌한 감정을 잘 다룰 수 있을 때 평화다운 평화가 가슴에 내려
앉는다. 광야진영이 우세할 때 평화진영이 얼마나 많이 고통스럽고 피
곤하며 힘든지 안다면 평화진영이 광야를 얼마나 잘 껴안아야 하는지
얼마나 잘 알아차려야 하는지 기억해야 한다. 머리를 대표하는 지성이
양쪽진영을 잘 지휘할 수 있는 길은 바로 여기에 있는 것이다. 청소년
들 중에 머리는 좋은 데 하면 잘 할 수 잇는 아이인데 왜? 잘 못할까?
는 평화진영과 광양진영에 대한 내적심리교육이 부재하기 때문이며, 자
기의 실체인 이러한 양극진영을 아는데 게으르기 때문이다. 이를 알려
주는 책임은 부모와 교사들이다. 물론 청소년들 자신의 스스로의 내적
인 질문을 통해 깨달을 수도 있지만, 넓게 자신을 바라보기 위해서는
부모와 교사가 청소년기 자녀들이 느끼는 섬세한 감정에 대한 배움과
이에 따른 교훈이 연결되어야 한다.

　가슴의 목소리에 우리의 마음을 열어놓자. 평화와 광야진영처럼 좋
은 것과 나쁜것, 선과 악, 사랑과 증오, 일치하는 것과 분열되는 것 등
서로 다른 특징은 정서에서 그 문의 모습이 그려진다. 가슴의 소리들

이 바로 정서들이다. 가슴의 정서들은 목소리가 되어 우리가 언어로 말을 하는데 상당한 힘과 에너지를 방출한다. 그래서 그 사람의 목소리를 듣고 있으면 어떤 상태인지 직감하는 이유도 여기에 있다. 좋고 나쁜 말 이면에 감추어진 정서를 알아차리면 그 사람이 정직한지 아니면 자신을 속이고 있는지 알 수 있고, 자기 스스로 이를 깨달으면 정서를 잘 다루고 조절할 수 있는 성숙된 인간형으로 발전한다. 정서가 어느 정도 성장했느냐는 그 사람의 머리 즉, 지성의 성장과 비례하기 때문이다.

청소년기 부모들은 자녀들과 이야기를 나누는 과정중에 자녀의 이야기와는 상관없이 어떤 기대나 규칙에 어긋나는 말을 하면 이야기를 갑자기 결론지어 버린다. 바로 이 순간은 청소년들이 부모가 자신을 이해하지 못한다는 시점이 되고, 더 이상 부모와 가슴의 이야기를 하지 않는다. 먼저 이야기하는 청소년들의 편에 서서 그 목소리를 들어보자. 어떤 것이 불쾌한지, 노력은 하고 있는데 답답하지 않은지, 친구들과 학교생활중에 느끼는 절망감이나 때론 성취한 일에 대해 기분이 고양되어 있는지, 좋은 친구를 만나 정겨운지, 의미있는 봉사로 살아있는 것에 기쁨을 느끼고 있는지 등과 하나가 되어 그 감정에 장단을 맞추어 보자. 부모가 생각하기에 옆길로 갈것 같은 자녀들이 부모와 얼마나 많은 이야기를 나누는지 알게 될 것이다. "느끼는 나를 알아주었고", "절망적(학업이든 친구관계든, 어떤 직업에 관련된 일이든)이지만 그런 나를 귀하게 대접해 주었고", "내가 하는 좋고 의미있는 행동에 용기를 준" 부모에게 자녀들은 더 많은 이야기를 할 수 있고 부모가 하는 말들과 부모의 마음을 더 깊게 알게 된다. 이유없이 부모의 말에 저항하지 않는 다는 것이다. 물론 이유가 없이 저항한다면 자녀는 우울의 올가미에 빠져 있으므로 부모는 청소년기의 우울과 우울을 다루는 방법들을 사용할 수 있어아 된다.

청소년기 자녀들의 가슴의 목소리를 잘 들을 수 있을 때는 일상생활 중에서이다. 어떤 좋지 않은 일이 생길 때 갑자기 개입하는 것은 부모와 자녀, 서로에게 상처를 주고 만다. 일상의 시간속에, 예를 들면 함께 식사할 때, 여행갈 때, 때론 산책할 때, 함께 걸을 때, 청소를 같이 할 때, TV를 볼 때, 컴퓨터게임을 할 때, 책을 읽을 때 등 간단히 또는 길게 이야기할 수 있는 순간은 무수히 많이 있다. 부모가 일상의 삶에 마음이 열려있느냐의 문제이기도 하다. 물론 자녀에 대한 것만 또는 자녀-지향적인 이야기는 쉽게 이야기를 질식하게 만든다. 부모 자신의 삶, 어린시절, 고통, 때론 희망 등 다양한 이야기들이 자녀와의 이야기안에서 이루어질 수 있다. 부모와 자녀가 이런 이야기가 이루어질 때 부모와 자녀는 수평적인 인간관계를 형성하면서도 서로에게 진실한 "수평적인 마음친구"가 된다.

6. 빛을 주는 언어

-가슴속 마음듣기-

자녀의 마음에 빛을 주는 언어는 어떤 것이 있을까? 먼저 부모의 언어가 자녀 자신이 느끼는 감정과 생각, 그리고 행동 밑바닥에 깔려 있는 의미를 접촉하도록 하여 자녀가 이를 알아차리도록 하는 것이다. 대부분 부모의 언어는 자녀가 어떤 일을 성취하거나 잘한 것에만 촛점을 두어 칭찬이 좋은 것으로 알지만, 자녀들의 마음을 구성하는 부분들을 좀 더 구체적으로 언급해 주는 것은 칭찬을 초월하는 치유적인 기능을 가지게 된다. 자녀들은 자기를 이해하고 수용하며 선택하거나 결정하는 힘도 부모의 이러한 언어를 통해 자신에 대해 좀 더 강해지고 삶에 있어서 다양한 관점들을 포괄하는 힘과 이를 다른 여러 영역에 집중하고 분산하는 태양의 빛처럼 빛난다. 감정과 생각에 빛을 주

는 언어는 자녀들이 자신의 귀한 측면
들을 바라보고 자존감이 높아질 뿐만아
니라 자신의 전체이미지를 좋게 보며
혹 나쁜이미지도 스스로에게 허용하고
이를 바라 보면서 부드럽게 자신을 다
루게 된다. 감정과 생각에 빛이 없다면
이것이 바로 어둠이면서 우울이다. 감정
과 생각에 빛을 주는 두번째 단계는 부
모가 자녀의 가슴에서 들려오는 목소리
를 듣는 것이다. "가슴속 마음듣기"는
부모가 자녀들의 언어와 행동 전체를

보고 있어야 가능하다. 무엇을 자녀들이 부모에게 이야기하고 싶은 것
인지 어떤 것이 못마땅한지, 어떤 힘을 얻고자 하는지 등을 부모가 알
았을 때 자녀의 가슴속 마음듣기를 잘하고 있는 것이다. 세 번째는 부
모의 느낌과 생각을 전달하기이다. 부모가 자녀의 마음을 전체적으로
소화한 상태에서 부모 자신의 세계에서 조화롭게 혼합된 느낌과 생각
이다. 부모 자신의 느낌과 생각과는 한차원 다른 수준이다. 부모 자신
의 느낌과 생각이 일방적일 때 자녀의 속마음에서는 저항감이 일어나
며 자녀도 부모의 느낌과 생각을 소화하기 어려워진다. 부모와 자녀가
평소에 이야기하는 연습이 필요하다. 부모와 자녀는 서로간의 개별 인
격체이기 때문에 생각과 느낌이 다르다는 것을 인지할 필요가 있다.
네 번째는 이야기에는 결론이 없다. 부모와 자녀간의 이야기에는 대부
분 결론없이 끝을 맺는다. 이야기를 통해 결론에 도달하는 것은 좋으
나 한번이야기로 끝난다면 자녀의 인격을 모독하거나 무시할 수 잇어
서 자녀들이 부모에게 입을 열어 이야기하는 경우는 줄어들게 된다.
부모는 자녀에게 삶을 살아가는 해결자라기 보다는 자녀에게 새로운
도전과 창조, 그리고 모험을 불러 일으키는 촉진자이다. 어떤 경우이든
세상을 살아가는 청소년기의 자녀들은 각 개인에 따라 다르지만 개인

적 또는 주변 환경적인 문제를 수반한다. 어떤 문제이든 해결을 위한 관점보다는 문제는 자신에게 도전이며 새롭게 변화시킬 수 있는 창조의 시간이면서 자신의 안쪽과 바깥쪽을 바라볼 수 있는 기회의 장, 경험의 장이기도 하다. 문제가 하나의 자극이 되어 문제에 이끌려 다니지 않고 문제를 다루는 태도는 해결이냐 도전으로 보느냐에 따라 다르다. 부모가 해답을 주기 시작하면 자녀는 더 이상 생각하거나 느낌을 확장하려는 모험을 중단하거나 포기한다. 문제에 의존하지 않고 문제와 대면하게 한다.

나승규

충북대학교 심리학과 졸업(문학사)
충북대학교 심리학과 대학원 졸업(문학석사, 임상심리학 전공)
Yuin University 박사(미국, 철학박사(Ph.D) 상담학전공)
(현재) 동국대학교 가정학과 아동가족학 전공 박사과정 재학 중

-경   력-

국무총리 국가청소년보호위원회 청소년보호종합지원센터 상담치료지원단(위촉)
충청북도 노인학대예방센터 사정위원회 위원(위촉)
국무총리 국가청소년위원회, 서울시청소년종합상담센터 청소년동반자(YC) 위촉
꽃동네현도사회복지대학교, 영동대학교 시간강사
청주고등학교 졸업(57회)
서울대학교병원 소아정신과 임상심리 대학원실습(지도교수: 신민섭)
충북대학교 심리학과 대학원 연구조교
충북대학교 사회과학연구소 조교
충북대학교 학생생활연구소 심리상담실 상담원(조교)
육군 중위 전역(학사 19기, 정훈장교, 정신교육교관)
심리검사 및 상담센터 전임 상담부장
충북대학교 심리학과 시간강사(일상생활의 심리학)
충주대학교 심리학과 시간강사(심리학개론)
국군간호사관학교 간호학과 상담심리학 강사
배재대학교 시간강사(현대사회와 청소년심리학)
중국 연변주 교육학원 초빙교수(심리상담)
제주교육대학교 교육대학원 시간강사(아동심리검사연습)
전주기전여자대학(사회복지상담과) 강의전담교수 임용(상담심리학)
(현재) 한국 아동·청소년 상담소 소장

-자격증-

보육교사 1급(여성가족부), 보육시설장 자격증(일반/장애아 전담, 여정가족부)
부모교육교수요원(한국청소년상담원)

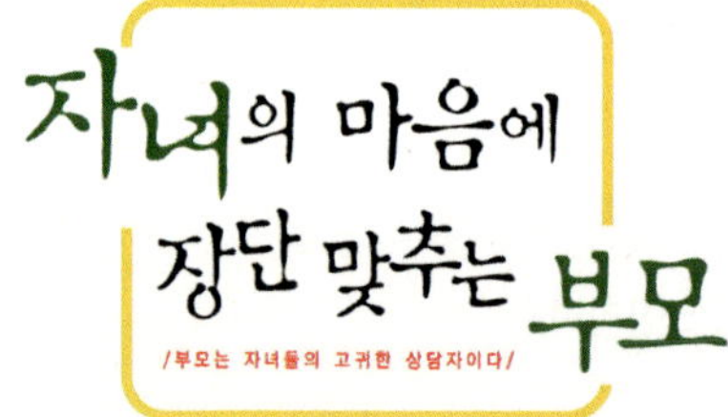

• 초판 인쇄   2007년 12월 30일
• 초판 발행   2007년 12월 30일

• 지 은 이   나승규
• 펴 낸 이   채종준
• 펴 낸 곳   한국학술정보㈜
            경기도 파주시 교하읍 문발리 526-2
            파주출판문화정보산업단지
            전화   031) 908-3181(대표) · 팩스   031) 908-3189
            홈페이지   http://www.kstudy.com
            e-mail(출판사업팀사업부)   publish@kstudy.com
• 등   록   제일산-115호(2000. 6. 19)
• 가   격   23,000원

ISBN   978-89-534-8031-5 93180 (Paper Book)
          978-89-534-8032-2 98180 (e-Book)